致胜十论

叶 俊 ◎ 著

中国商业出版社

图书在版编目（CIP）数据

致胜十论/叶俊著.--北京：中国商业出版社，2020.9

ISBN 978-7-5208-1091-3

Ⅰ.①致… Ⅱ.①叶… Ⅲ.①成功心理—通俗读物 Ⅳ.① B848.4-49

中国版本图书馆 CIP 数据核字（2019）第 290202 号

责任编辑：刘万庆

中国商业出版社出版发行
010-63180647　www.c-cbook.com
（100053 北京广安门内报国寺 1 号）
新华书店经销
三河市国新印装有限公司印刷

*

710 毫米 ×1000 毫米　16 开　12 印张　185 千字
2020 年 9 月第 1 版　2020 年 9 月第 1 次印刷
定价：48.00 元

****

（如有印装质量问题可更换）

云烟过处皆智慧，花雨庭前多启迪
——为《致胜十论》序

一路走来，经历了很多事，看了很多人。借由看了很多人，也常常看见了自己。

在中华大地上，大概我们卓越神圣的列祖列宗很难想象，我们这一辈人，或者是交叉在这个时代的我们这几辈人，短短这几十年，所面临的世界变化如此之大、资讯如此之广。我们说两个事物是否凹凸互补，总是要先看一下事物双方各自的特性。而我们所处的时代变化之快，迫使我们不断地去审视自己是否正在适应着全新的时代。一个人过去的价值观、过去所学的技能在他所处的那个时代背景下是能够脱颖而出的，但很可能还没等他在胜利当中回味自己的喜悦，那个匹配而适合的时代就已经一去不复返了。于是优势和劣势、正确和错误不断地交替着，螺旋式地演进着。

正因为背景时时都在变化，所以我们时时都要自省。

我们看到身边很多曾经优秀辉煌的人，后来倒下了。我们看到身边很多有才华有干劲的人，一直孜孜不倦地努力多年，但始终还是没能有较大的突破。我们看到身边很多为人真诚而勤奋的人，为了自己的事业和理想一直在燃烧青春，然而命运之神还是迟迟都未眷顾他。甚至不少人，聪慧敏捷，长相清丽，却仍然难逃挣扎在琐碎、无趣甚至略显匮乏的生活里的命运……

他们当中有业务精湛、诲人不倦的学校教师，努力教学，年复一年，但学生们却常常不领情，多年过去了，成绩平平。他们当中有曾经恩爱、为人公正、乐于付出的情侣，在用自己仅有的青春陪跑对方 N 年之后，用一声无奈的叹息，将所有的爱恨清零。他们中有人身怀"绝技"，充满激情（至少是曾经充满激情），待人热情，做事认真，在耗完整段青春锐气后，才发现自己不是在开店，而是给自己找了一份量很大的工作。他们中有曾经一度辉煌、创造奇迹、拥有明星般的团队阵容、年收入破亿元甚至 N 亿元，而后兵败如山倒又挣扎完决定东山再起的连续创业者。他们中有曾经年少轻狂、意气风发、在辗转 N 个城市 N 个行业 N 个不识货的老板后，仍然背个行囊在寻找"英主"的各种"漂"。当然，他们中更不乏家和业兴，生命充满各种喜乐的梦幻活法的实证者……

一个一个地看，大家都是好人，也都各自努力着。但是努力的结果，为什么差距会这么大呢？这些大相径庭的生命模式，背后的逻辑差异到底是什么？

从古至今，从遥远的名人，到身边的故事。其实这些现象一直都在重演，每一次重演也都是"上天垂象"，无时无刻不在启发着我们。

生而为人，我们都是第一次。家学深厚的人家，可以在孩子童蒙时就教导传承家族技艺或智慧，这便是真正的人生起跑线。古代比较著名的如诸葛亮的《诫子书》、南北朝颜之推的《颜氏家训》、明末清初朱柏庐的《朱子家训》，近代比较著名的则数《曾国藩家书》……若懵懂时期即得领先的家学指引，人生旅途走错的概率自然要低很多。而我们重新站起来的时间毕竟还不够久远，对于大多数寻常百姓家而言，上辈人自己也刚从饥饿中解脱不久，基本是没什么家学可以借鉴的。于是大多数人便用自己的命运去探索人生之路到底该怎么走。

所以，艰难、反复、绕路，甚至迷失、彷徨，再甚而进入死胡同，就都没那么奇怪了。成长路上人们本有很多问题要问，但几乎没人可以并愿意教自己。如何成功，成功后如何守住成就？业绩不好如何突破？如何获取精准有效的客户流量？如何提升领导力？如何在新时期、新生产关系背景下经营好两性关系？如何调整情绪？……这些问题都非常关键，但从小到大，又有几个人教过我们呢？于是，一个个善良努力的人走错路，也就没那么稀奇。好比一个复杂的电器突然给了你，你没有说明书，不会用也是正常的，用错了，烧毁了，也是可能的。但如果给你一本专用的"说明书"呢？即使慢一点，一步步，我们也能按部就班学会使用吧！

人，比任何机器、仪器都复杂多了，然而我们出生时却没能自带一本使用说明书。于是人们临时探路，"活错了"的情况便也普遍了……

而创作这本书的缘起，正是多年以来，我的理念让很多学员深感受益，建议我把常常说到的理念编辑成书，方便大家学习，也方便传播。如果有幸这书中的一些观念能够在大家探路的过程中起到一些参考作用，也算是实现了我们写下这些文字的初衷。书中行文大多寡淡，一来手拙，二来也想借此广开方便法门。读者中不乏行家，若遇槽点，且一笑耳！

水平所限，成书仓促，难免诸多不足之处。若能得到广大读者朋友的批评指正，幸莫大焉！

写作期间，得到了诸多老师、好友的指导和帮助。在此感谢陈三白、陈禹安、王广云诸位老师在创作方向上的中肯意见。感谢顾知夏、诸葛齐、姜光敏、葛雅旭、武志华诸友在审稿与修改过程中的帮助。特别感谢邢嘉文女士在成书过程中的鼎力支持！

云烟过处皆智慧，花雨庭前多启迪。每个案例都是一本教科书，每个行业的先哲总结的理论都是一本说明书。三人行必有我师，想来我们多观察体悟，学习思考，在行进道路上，终也能拿到属于我们的地图……

祝：

阅有所获，家和业兴。

小叙小序。

叶俊

2019 年 9 月 23 日夜

于杭州

目录

第一章　格局论
1. 格局决定布局，布局决定结局 / 3
2. 不为成长投资，又焉能成长 / 5
3. 让生命止步不前还是如滚雪球般壮大 / 7
4. 有额外付出，方有"绝世武功" / 11

第二章　武功论
1. 没有武功，如何行走江湖 / 17
2. 时代不等人，"习武"须抓紧 / 20
3. "武功"才能改变命运，而非那两个"小钱儿" / 22
4. 近利与远志成反比 / 25
5. 富二代就不需要"武功"？ / 28

第三章　火锅论
1. 为了未来，打造一专多能的人 / 35
2. 不磨不成佛，先沉潜后飞动 / 38
3. 违背"火锅论"的创业就是在用一个轮子开汽车 / 40
4. 销售是世界上营养最丰富的"食品" / 43

第四章　代价论

1. 代价付出了，你换回了多少收获 / 49
2. 不论有无收获，你都在付出时光的代价 / 51
3. 没有代价观的人，会对资源的浪费视而不见 / 53
4. 既已付出代价，何不奔向收获 / 54
5. 一杯咖啡打翻尚且心疼，何况你的青春 / 57

第五章　价值论

1. 凡不带有价值的联系都叫打扰 / 63
2. 有效联结的三大价值途径 / 66
3. 基因价值的魅力及重要性 / 72
4. 每一种关系都需要"价值论" / 75
5. "价值论"派生出来的"输赢论"——你到底是要"好的结果"还是"赢的感觉" / 78

第六章　守弱论

1. "守弱论"是献给什么人的 / 85
2. "我是最棒的" PK "我不是最棒的" / 88
3. 为什么总听说"强将手下无弱兵"，而现实中常见的却是"强将手下多弱兵" / 91
4. 用好人才，而不是与人才比才 / 93
5. 我不是最棒的，我们才是最棒的 / 96

第七章　名非论

1. 什么是"名非论" / 103
2. 我们为什么要研究、实践名非论呢 / 104

3. 名非论在客户关系上的实战案例 / 106

4. 怎样与客户进行有效联结？用有效联结持续优化关系并防止降温 / 109

5. 无处不在的"名非论"现场 / 115

第八章　打开论

1. 从一次帮人开会的经历说起 / 123

2. "打开"与"没打开"的区别 / 125

3. 打开接受开关的方法 / 129

4. 人生还需要打开很多开关 / 133

第九章　状态论

1. 水平是基础，状态是关键 / 141

2. 好的状态可以做水平的放大器 / 144

3. 面对同一件事情，关键看你怎么定义它，定义决定情绪状态，而非事件 / 146

4. 快速调整状态的3个"秘诀" / 148

5. 调整能量状态的18个方法 / 154

第十章　重生论

1. 有明确的目标，才能组织明确的资源 / 169

2. 有明确的目标，才能明确我们的人生意义 / 171

3. "我到了"与"我在路上" / 174

4. 好运总是给"向上走，有未来"的人准备的 / 176

5. 遵循设定目标的法则，让目标充满力量 / 178

第一章
格局论

你的格局一旦被放大之后,就再也回不到你原来的大小。

——马修·史维

为什么原本智商和眼界差不多的两个人，经过一段时间的人生历练后，一个却把另一个甩出几条街呢？

为什么起步基础和条件完全相同的一群人，若干年后有的人已经风生水起、蒸蒸日上，而有的人却还在原地踏步，甚至每况愈下？

为什么同样一把牌，不同的人会打出不同的风格、得到不同的结果？

我们知道企业家的格局决定着企业的未来。其实对于个人来说也是如此。格局不仅影响着一个人的气场，更影响着一个人的选择和决策，同样也影响着一个人的未来。

我们可以每天都重复地问自己：我今天应该怎么选择和对待我的资源？我今天应该要精彩的一天，还是糟糕的一天？要感恩的一天，还是抱怨的一天？要无聊的一天，还是兴奋的一天？要创造不可思议的一天，还是毫无所获的一天？这样的自省之问持续3周，有助于你更好地打开思路和人生中的很多局面，也有助于你建立"高效模式"的新习惯。

1. 格局决定布局，布局决定结局

通俗地讲，对于普通人而言，格局就是你到底要活出怎样的画面：你要住上什么样的房子，拥有什么样的车子，过上什么样的生活，拥有什么样的事业，有什么样的人生理想。一个人格局有多大，通常可以从心胸、目标、眼界三个方面来衡量。

所谓布局，就是指对待资源的态度和方式。你把资源用到哪里，怎么用，这就是你的布局。常见的资源，包括时间、精力、体能、资金、物品、潜能、选择权等，这些都是你的资源。人和人之所以活法不同，主要就是因为他们对待资源的态度和方式不同。

改革开放初期，生活在同样一个小区域内的人们，在工作或生活上基本上没有太大的差距。四十余年后，有的人已经富裕发达起来，而有的人却变化甚少。同一个教室的同学，拥有同样的听课环境，学习同样的教材，由同样的老师授课，考试采用同样的试卷，支付了同样的学费，结果大多数成绩会不一样。

到底怎么回事呢？举个最简单的例子，比如说你现在手里有500元钱，这是你的资源。如果你用这500元钱去吃顿火锅，或者去K歌，你可以换来短时的欢愉。但是你用这500元钱买到了好书，并且花时间去认真阅读，你可能就会得到难以估量的回报。所以说，同样是500元钱的资源，你选择怎么对待它、使用它，它带给你的结果就必有相应的差异。

台湾地区首富郭台铭曾经说过:"格局决定布局,布局决定结局。"安东尼·罗宾则说过:"大部分人高估自己一年能做到的事情,但是严重低估自己十年能做到的事情。"

实际上,格局就是从如何利用资源开始,一步一步造就的。排在第一位的资源就是选择权。可以说,选择权是我们最大的资源,也是我们最好的资源。但是,当我们拥有选择权的时候,有的人认为"我的地盘我做主",想怎么支配就怎么支配,所以这类人容易滥用选择权,结果就造成了不可收拾的结局。而在今天,有很多人已经失去了选择权。或许他们老了,可能很多事情没有选择的机会了;或许他们负债累累,公司破产倒闭,四处躲债,乃至身陷囹圄……

珍惜你的选择权,就是在珍惜你的未来,因为正是你今天的选择决定着你的未来。

排在第二位的资源是我们的潜能,排在第三位的资源是我们的时间。接着便是经历、资金、知识、学习力等。我们具备怎样的格局,就会选择怎样的态度和方法对待这些资源,而我们选择如何对待这些资源,也就决定了我们今后的结局。

所以说,我们有怎样的格局就决定我们会怎样去布局,而我们怎样去布局就决定我们最后的结局会怎样。《三国演义》中赵云先是追随兵强马壮的军阀公孙瓒,但他在面临选择时毫不犹豫地跟了当时只有区区两千兵马的刘备,并一出营帐就对刘备以"主公"相称。何以公孙瓒如此雄厚的实力都留不住赵云呢?因为公孙瓒的格局是偏安一隅,乱世自保;而刘备的格局则是"匡扶汉室"。毕竟,唯有不可思议的目标才能吸引到顶尖人才,高手练就一身本领实属不易,他们是不会把自己的才华埋没在胸无大志的"主公"那里的。同样,坐拥北方四州、综合实力天下第一的袁绍,竟会为一场小儿小病而坐失决胜良机,如此狭窄之眼界,为雄才大略的枭雄曹操所败也就没什么可奇怪的了。与为获将心而"抛下"怀中阿斗的刘备更是形成鲜明的对比。

2. 不为成长投资，又焉能成长

在现实生活中，人与人的格局、理念不同，活出的画面自然就不会相同。

你怎么对待你现有的资源，关键是如何选择自我投资的方式。如果你不懂得投资自己的大脑，你思维的维度和知识的储备就会停滞不前；不懂得投资人脉和大客户，你的社会关系就将受到限制；不懂得投资精彩生活，你生命的品质难逃平庸；不懂得投资包装自己，你就难以给重要人脉留下良好的第一印象。真正的"败家"并不是偶尔买几个奢侈品，而是持续不投资大脑，做错误的决定，亏光所有的积蓄，人生跌至谷底……倘若"大脑先进"，做的决定准确率高，回报丰盈，又何须常常纠结该不该买奢侈品，到底选哪款呢？

【案例直击】

我们仅就资金运用为例，来说明一下对人的影响。有两个条件和资质相当的同村年轻人，女生叫小花，男生叫铁蛋。他们纯朴善良，努力勤劳，毕业后都在上海找到了差不多的工作，第一年的月工资都是4000元，减去房租、交通费和手机费等生活开销仅剩1250元。那么，怎么支配这1250元呢？

小花认为：爸爸妈妈生我养我不容易，花钱供我读书更不容易，所以有机会要抓紧回报。于是就把这剩下来的1250元都寄给了家里。那么，一系列的问题来了。小花每个月还有资金用来投资学习、向优秀前辈请教、维护大客户关系、生活品质提升或者服装美容等方面吗？显然不可能。学习投资0元，说明她的成长大概是静态的。即使有所成长，那也是如蜗牛般的缓慢速度。同时，她对于自己的包装也没有变化，她的生活也不会怎么精彩，生命几乎停留在这个层次上了，很难有提升。她的人脉很少，吸引到大客户的概率几乎为零。

这些方面都没有发展，她的价值难以突破。那么，她的价值反映到价格上，也就是反映到工资薪酬上，恐怕也难有大幅度的提高。三年以后，她的月工资可能由4000元涨到4500元，但是几乎不会涨到8000元。就算是公司赚到钱了，但是小花也很难成为加薪的对象，因为她没有使自己变得更有价值，有价值才是值钱的理由。正是因为小花没有投资提高自己的价值，所以她的"价格"几乎没有提高。

但是，她会变老，她的知识会变得陈旧，她的记忆力会下降，她的精力会退步，而生活成本的上升却无法逃避，因此她的情绪会变得焦虑，她的状态会变得糟糕。她可能会有微弱进步，但是恐怕难以更好地孝顺父母了，并且她从24岁大学毕业熬到了27岁、30岁……虽然可以稳定下来，但人生中肯定没有多少精彩，生活也过得非常艰辛。为什么会如此呢？表面上是她把钱除了用于自己的生活所需，其余的都寄给了爸妈，实际上则是因为她的格局太小。

她刚获得一个"果子"，就赶紧摘下来给爸妈吃，而非把"果子"的"种子"拿去播种长出更多的"树"，再结出更多的"果子"。她刚获得一碗"谷粒"，就赶紧端给爸妈吃，而不是把"谷粒"播种出去，以结出更多的"谷粒"。她每个月有1250元，这1250元是完全可以改变她命运的

"种子"。她完全可以播种的，但是她却把这些过早用来孝敬父母了。小花的格局是狭窄的，一直没有变大，最后只会变成别人的感叹："哎呀，小花可真是一个苦命的娃呀！"

其实，没有天生注定苦命的娃，都是因为这些人的格局不够大，导致思维不够开阔，没有用好"选择权"，才"沦落"为苦命娃。孝顺当然是中华民族的传统美德，但怎样孝顺，如何提供给父母更优质的孝顺，则是我们年轻朋友需要提前考虑和布局的。

3. 让生命止步不前还是如滚雪球般壮大

善于投资自己的人，人生才会有大的作为，生命也因此会变得更有价值。其实，你对自己平时的点滴投资，就是在播种一粒粒的"种子"。懂得对自己投资的人，会把这一粒粒"种子"播种下去，然后努力耕耘，将来势必会开花结果；而不懂得投资自己的人会消耗掉这一粒粒"种子"，以致生命停滞不前，未来也很难开出期待中的花朵。

投资学习、人脉、大客户、精彩生活、包装等的多寡，决定了你的发展是动态的还是静态的，是快的还是慢的。投资学习，会让你的知识更丰富、思维更广阔；投资人脉与大客户，你将获得优质人脉，让你的业绩有更大的突破；投资生活，会让你的生命更丰富充实；投资包装自己，会让你的形象更吸引人，更容易获取成功。既然如此，我们就应该把自己经营得精彩一点，也可以犒劳一下自己，不要让自己过得单调清苦，不要有那种负面的情绪累积，不要总认为生活亏欠了自己。

通常高品质的生活、精彩的人生，更能让我们脸上写着幸福、快乐。衣服的质量很讲究，腕上的手表很漂亮，皮肤护理得很好，吊坠很时尚，发型、颜色很适合自己，戒指也很漂亮，有时间和自己所爱的家人、友人相处，有时间旅行、独处、充电……要如此善待自己，才不会感觉生活亏待了自己，而只有"活出典范"才能更好地说服别人，吸引更多资源。

像小花那样，因为生活苦，所以就会相由心生，她的"苦"自然而然就会写在脸上，甚至觉得谁都亏欠了她，慢慢地心态会变得越来越负面，不信任别人，还可能因敏感而过度防范别人。这样的人往往也很难吸引到优质的另一半，因为几乎没有人喜欢和一个一脸苦相的人建立亲密关系。

一个人不投资学习，知识就可能陈旧、过时；一个人不投资人脉，就可能变得不够阳光，也很难获得人脉资源的支持，甚至难以吸引到配偶；不投资大客户，就缺乏优质的转介绍机会；不投资生活品质，生活难免过于乏味；不投资自我包装，就可能是一副"穷酸相"。最终的结局，有可能就变成像小花同学一样的恶性循环！

【案例直击】

她同村的铁蛋是什么情况呢？

开始，在村子里的小河边洗衣服时，小花的妈妈曾经碰到铁蛋的妈妈。她们聊到孩子的城市、工作、工资，而当聊到小花每月都会寄钱回家的时候，小花的妈妈是一脸自豪，铁蛋的妈妈则是一脸羞愧地说道："我儿子不仅不往家里寄钱，有时候还要家里给他贴钱，上个月就给他贴了700元呢。"于是，铁蛋的妈妈不禁长叹一口气："还是闺女好啊！这辈子就这样了，下辈子啊，俺们也要生个闺女！"

那么，铁蛋是怎么分配现金资源的呢？铁蛋的月工资也是4000元，减去同样的费用剩余1250元，但他没有把这1250元寄给家里，而是进行了各种投资。他投资学习，每个月购买图书资料需要100元，不学习就不可能成长。他要投资人脉，每个星期请一个优秀的朋友或同事吃顿工作快餐，预算50元。他维护和增进与大客户的关系，每个星期选择一位大客户专门为他挑选一个小礼物。每周选一个大客户跟进花费50元，一般是送客户需要的新书，一年就将近50个大客户，大客户数量可观，而大客户常常也从一线走来，看到新人铁蛋如此努力、懂事，难免欣赏赞叹，很容易因此为他介绍更多的客户，而铁蛋的收入则立即会由静止变为动态上升！

同时1250元还剩750元。如果投资精彩生活400元，可以看好几场打折的电影，可以去喝一杯咖啡或者吃一次下午茶，甚至可以来一次短途旅游。这样投资自己的精彩生活，可以把在咖啡厅喝咖啡的情景，或者午后吃下午茶的闲暇时光，或者在那样优雅的环境看一本书的样子，拍下来晒朋友圈。在朋友圈里展示出生活品质，人们看到他努力之余精彩生活的画面，会觉得他奋斗得还不错，说明很多客户支持他。正因为很多客户支持他，所以看到朋友圈的大客户也愿意支持他。越是晒成功的画面，越能吸引成功的人和事；越是晒苦哈哈的样子，成功越是离人而去，马太效应、皮格马利翁效应，皆如此说。展示精彩的生活画面既是对自己好，也让客户对你更有信心。人们常常更愿意跟上进的人合作，而不喜欢与消极的人合作，所以成功让人更成功，失败导致更失败。老子《道德经》有言："天之道，损有余而补不足；人之道，损不足而益有余。"《圣经》所言的"马太效应"也说："凡有的，我要让他更多；凡没有的，连现有的也要剥夺……"

这样下来，铁蛋还有350元，几个月后存到1000多元的时候，就可以买一件有折扣的品牌服装。一个刚毕业的普通学生，穿上千元的"战袍"去接待客户，当然会更自信了。那么，作为女生，比如可以买一只哪怕是小瓶的香奈儿香水用，大客户也会觉得她的品位会更接近自己的。

虽然他暂时没给家里寄钱，但是成长速度显然要快得多，他的人际关系更好，那么他的收入也会迅速增加，也许一年以后就可以突破每月8000元、10000元了。再过几年，铁蛋的月收入可能就是几万元乃至更多。

我们不妨以5年为期。5年以后，小花往家里寄了7.5万元，身份可能还是一个普通员工，因为她没有为自己的成长进行投资；铁蛋可能变成公司的总监，当然可以给家里寄更多的钱了。小花善良、顾家，但是长期苛待和压抑自己，说不准哪一天就会情绪爆发，也许跟家人吵个天翻地覆。而铁蛋尽管一开始可能造成家里的误会，但是几年时间就可以翻过身来，不仅自己过得风生水起，也会让家里的面貌焕然一新。

可见，格局决定布局，布局决定结局。如果不懂得格局、布局与结局之间的关系，就很可能把一手好牌打得稀烂。员工是如此，老板又何尝不是如此。有的老板小富即安，把原本该用来持续投资学习、团队、事业的资金，早早地用于享乐，俨然"功成名就者"。如果市场形势一变，跟不上时代，就会迅速没落。拿小花与铁蛋对比为例，当然不是在强调男女的眼界差异，而是在说明同样的起点与资源，只要布局不同，人生就此拉开距离。反过来，铁蛋如果躺在舒适区，而小花进行合理性布局，那两人的结局自然就会对调了。

4. 有额外付出，方有"绝世武功"

不管你现在的月收入是 3000 元还是 5000 元，你都是有"种子"可以播种的。如何对待这些"种子"，将决定你未来的生命走向。你藐视小机会，小机会将永远长不大。你重视小机会背后的价值，则会发现，很多大作为一开始都起源于那个"小机会"。

【叶俊的小故事】

叶俊大一时，勤工俭学应聘当地一家超市为一款罐装粥商品做促销。超市相当偏远，自然门可罗雀，两年时间平均一天卖两罐这款八宝粥。

有一个隔壁摊位同样做促销的学姐，因为"没事干"，一天到晚玩手机。她的"格局"就是一天挣 30～35 元的劳务费就非常满足了。她做促销的是同一品牌另外两款商品，比叶俊负责的产品好卖。

但是叶俊当时的观念不一样，他是想练本事，学功夫。他从早上就开始喊："欢迎了解××粥，有买有赠，冬天喝，暖胃的。"这是公司教的促销词，叶俊一直按照要求很负责任地喊。但是带叶俊的学姐却说："其实不用那么喊的，你新来的不知道，喊跟不喊，都是挣一样的钱。"叶俊表达谢意，但他的价值观让他继续感情投入地喊着促销词。学姐继续玩着手机，很可能在心里暗笑"这小子真傻……"。

有一位大姐，推着满满一车采购的商品，对叶俊说："小伙子，两个小时前我进来的时候,你就在这儿卖力地喊,我买完东西回来,听到你还在卖力叫卖,那我就买一箱吧。你帮我搬到车里吧。"当时叶俊听到有人要买一整箱喜出望外,马上去搬货。但是当他搬完后,不一会儿大姐又回来了,很歉意地对叶俊说:"小伙子,实在不好意思,我先生说我们已经买那么多东西了,家里并不需要××粥。对不起,我今天不能帮你了!"可叶俊没表现出任何失望表情,因为叶俊觉得她本无义务一定要购买他推销的产品,所以并不觉得她欠自己的。他就说:"没关系,我理解,很高兴您支持我,我感受到了。"她说:"我下周末再来买好不好?"叶俊说:"没事。当然可以。"然后他就乐乐呵呵地从她购物车里把××粥搬回去了,也没有给人家任何难看的表情,并且还协助大姐把其他商品搬进了她的车子,并微笑道别后继续回岗位叫卖促销。大约2分钟后,这位大姐又跑了进来,她对叶俊说:"小伙子,就冲你这态度,我买了。我老公又不会真的把我怎么样,哈哈!……"

两天时间,叶俊总共卖了14箱,破了公司在此地的销售纪录。公司还向总部请示给叶俊额外加了奖金……

叶俊从大二的第二个学期开始,每个五一、国庆、寒假、暑假都在做婚纱摄影行业的培训,其中一个原因是,身为广告学这种应用型专业学生的他,深知市场实战与人脉的重要性。所以当时就决定一定要好好利用大学所有节假日这个"时间资源"。

那叶俊的客户资源怎么来的呢?最初是有他大一做兼职时的老客户介绍,也有他自己联系的陌生客户。当时有一本杂志叫《人像摄影》,后面有影楼招聘广告,招聘广告都留有老板的电话号码。每一期杂志出来,他都会及时把这些电话号码抄下来,一个一个打电话推荐自己。

当他联系上浙江某地一家影楼的老板,这位老板请叶俊寒假回家时"顺路"先去她那里免费讲一次课,如果讲得好,她就帮他推荐客户,或者跟他合作。那个时候叶俊每周讲课做顾问的收入已经由最早的3500元增加到15000元，免费去浙江这家客户讲课当然不是为了眼前收益，而是为了创造机会。叶俊需要舞台，需要获得新市场资源布局，他感谢这位影楼老板提供的舞台，并在这家影楼讲了4个小时的课，效果特别好。第二天影楼老板请他吃饭，还送了他精美的礼物，并特别帮他介绍到一个邻近城市的公司做营销活动总指挥，一星期收入12000元顾问费，除了付给助理2000元外，他自己的收入则是10000元。更重要的是，接下来该地区附近的多家客户都因此慕名寻求合作，叶俊的"舍得"布局法获得了成功。

那些年，只要是他服务过的大客户，他就会跟他们建立深度联系，向他们表达敬意，并尽可能为对方创造额外价值。那些过来人，看到年轻人这么有上进心，一般都会喜欢。就像老板看到一个员工很有上进心时，往往会看到自己当年的影子。

另外，他还喜欢"请客"，所以身边会有很多朋友，也结交了一些与自己志趣相投的人。其中有好几个，后来成了他很好的搭档。有了团队以后，他们不断自我投资，不断成长。同时通过老客户转介绍，新客户也快速增加，到大四时叶俊已利用所有假期服务过十多个省的数十家客户公司了。假设彼时4年，叶俊的大把假期、课余时光只是一味休闲懒散，游戏人生，则青春必无如此精彩，时光也不会因无意义而停留！

真的是这样：你怎么对待资源，资源就将怎么对待你；而所谓的"额外付出"，其实都是在练绝世武功，更是在为更精彩的未来人生做布局。

篇末寄语

祝愿各位亲爱的读者，在今后的人生中都能扩大自己的格局，妥善对待现有的各项资源，积极为自己的成长投资，肯于付出才能练得精湛武功,才能让生命不断以滚雪球般的姿态壮大!

几个实用小建议:

- 静下来想想,如果可以放下自我设限,你要过的人生画面到底有哪些?这些画面就是你的"格局"。
- 目前你所拥有的资源有哪些,罗列出来。包括时间、体能、资金、人脉、所学知识等,然后盘点一下,这些资源你用得充分吗?
- 为了实现你的人生画面,你将怎样重新支配这些资源?
- 你必须马上去获得的资源有哪些,罗列出来。
- 你计划用哪些方式,给对方提供哪些价值来获取这些资源?
- 你必须立即戒除的干扰因素是哪些呢?

第二章
武功论

"我知道咋从一个穷人变成财主,不出十年,你大爷我还是东家。那时候,咱再回来,救星星,接花枝。"

"东家,到时我还给你当长工。"

——电影《1942》"东家"和"长工"台词

为什么一些人从事工作的性质和内容、消耗的时间都一样，可是几年以后境遇会千差万别？

为什么同样的起点，有的人能力、地位与收入提高了很多，有的人还是在原地踏步呢？

为什么一些人会毫不犹豫地去做那些没名没利甚至吃亏的工作，而有的人就只做所谓的分内之事，甚至蒙混过关，只要不被追究就万事大吉了呢？

为什么有的员工不仅做"分内事"热情饱满，而且做"分外事"也争先恐后，而有的员工甚至为省点精力而得过且过，只满足于"当一天和尚撞一天钟"呢？

原因自然有很多，但本章要讨论的问题，是很多人在日常工作中常常会忽略掉的、比现金收入更关键的元素，即工作中所包含的各种"武功"，恰如甘蔗中蕴含的糖分。

第二章 武功论

1. 没有武功，如何行走江湖

人与人之间的差距缘于行动，而行动缘于思想。若一个人工作时只是被动地完成任务，而另一个人每次做事时都带着"充电储能"的信念，即使他们做同样的工作，工作同样的年限，他们的成长速度也势必天差地别。

什么是"被动完成任务"？什么又是"主动练习武功"呢？被动完成任务的心态常常是得到一个指令以后，按照指令的基本要求去完成任务即可，他的目标只是完成任务，而并非在完成任务的过程当中提高自己。而主动练习武功的心态则是抓住每一次有价值的任务，在完成任务过程当中的重点是提高自我。这两种心态是完全不同的，带来的结果自然也大相径庭。

举例来说。某门店接待一对将要结婚的小情侣时，不慎导致了客怨。店长好不容易平息了客户的情绪，基本达成了和解。为了进一步巩固关系，店长吩咐店员小美姑娘在 19 点按照地址送去鲜花和蛋糕以及两瓶红酒。"被动完成任务"的状态是：小美按照店长吩咐的时间地点准时到达。敲开门以后顾客开门表示感谢，小美也在准时送完礼物以后微笑告别。在这个过程当中，小美完成任务了吗？当然完成了，而且非常准时。可是，小美的"武功"变好了吗？——胆量变大了吗？口才变好了吗？交际能力变好了吗？客户开发能力变好了吗？销售能力有进步了吗？维护客户的能力提高了吗？答案是：都没有！因为她只是准时送完礼物，掉头就走了。而如果是"主动练习武功"的状态会是怎样的呢？怒拳不打笑脸，更何况是大老远专门上门送礼物的。她会在跟客户打完招呼后顺便问是否方便参观新房，顾客当然会表示欢迎。参观的过程当中，一边赞美房间，一边赞美客户，一边进行各种寒暄交流。交流当中就可以发现客户在结婚流程当中还有哪些方面需要协助。服务者就可以为客户提供资讯，提供价值，比如为相关产业链消费安排折扣，推荐朋友优惠、服务等。过程当中能够把握主题，营造良好的聊天氛围。二三十分钟聊下来，新朋友交上了，客户也感觉到非常有价值。如果是这样，小美的胆量得到训练了，社交能力也增强了，客户维护和开发的能力也得到显著的提高了……简而言之就是自己的"综合武功"又一次精进了。假如以这两种完全不一样的状态各自工作5年，各位朋友觉得两个人的差距会不会拉开很大呢？

人立于世，如同侠客行走于江湖，都需要"武功"。武功无法凭空而来，而须在平时靠循序渐进、持之以恒地去积累，无论是通过学习积累，还是通过实战积累。

有的人因为存在着局限性的短视，或者不知道积极进取，分内的事做不到位，分外的事又避之唯恐不及。如果不解决这种问题，那就既不能让自己获得进步，又难以提高能力和收入，更不利于公司的经营和发展。

【叶俊的小故事】

叶俊在中学读书时，自编自播做了很多期校内和市里的广播节目，但是没有得到一毛钱的津贴。

那么叶俊吃亏了吗？如果以现金的收入来衡量，他当然吃大亏了。但是他通过这一系列的实践活动，胆量变大，普通话更标准，口才得到提升，打下了播音主持的功底，同时又学会了很多课业之外的知识和能力。

换句话说，叶俊学到了厉害的"武功"。这些"武功"在他后来做销售、做讲师、创业以及应对很多事务的过程中，都非常有帮助。

举例说，单单一个口才的"武功"，也是需要艰苦训练的。从初中二年级到高中二年级，叶俊一直在为播音主持这个爱好打基础和锻炼。高一的时候，他们学校成立了广播站，经过层层考核，叶俊成为学校广播站最早的唯一一个男播音兼任节目的副总编（总编则是广播站站长，即当初"考官"老师）。他们做了上百期节目，采访、编辑、播音都由他们自己独立完成。为了寻找素材，他们自掏腰包购买杂志书刊。每一期节目都要花很多时间和精力去准备：配音乐，写开头语、过渡语，读文章报纸……

做基本功训练时非常辛苦，当然也很有乐趣。一份报纸拿过来，不给任何准备时间，拿过来直接读，还不能读错，还不能卡壳，所以要求朗读能力特别强。这段经历，对他们这群广播员而言，非常宝贵。在后来的工作中，他们明显都深深得益于当初的这番训练。

那时，叶俊既要去市广播电视台做嘉宾主持，还要向市广播电台、报社不断投稿。在锻炼自己的同时，也偶得一些稿费，算是意外收获。但影响他命运的，岂是当初那几笔稿费呢？

后来上大一时，叶俊在中学时代练就的"武功"，又帮助他顺利进入了他们大学的广播站。在那里，更是高手云集，叶俊的"武功"自然也需更上一层楼。

读大学时，走在兰州的大街上，叶俊会用不同的语气，驾驭几乎所有看到的广告语，甚至看到银行的牌匾也试着用不同的风格找语感，这增加了他的素材，也训练了他的语感与表达能力。他也学其他的"武功"，比如练习销售、提高领导力等，在做这些训练的时候，当然不会有人给他补助。那他为什么还要主动去做呢？因为这是在有意识地练"武功"。此时要做的是戒除目光短浅、只看重眼前小利的恶习，而应该目光远大看到未来价值。

当你身上集合了优势"武功"的时候，你已经非常有价值了。年轻人没有储备"武功意识"，很难有美好的未来，因为他们只看到眼前。现金会很快花完，唯有厉害的"武功"才能持续获得利润；真正让人改变命运的是"武功"，而非那点薪水。我们如果在年轻时认识到这些，那我们做事的动力、用心程度必定是完全不一样的。很多人并非被困难挡住去路，而是被眼前小利所羁绊，进而裹足不前。我们不能不警惕磨灭我们斗志的眼前诱惑和小利。

2. 时代不等人，"习武"须抓紧

我们认为：人在江湖不仅要学武功，而且学武功还要有紧迫感。

很多人觉得时间还很长，结果对于迫在眉睫的事情，就手足无措。这些问题归根结底，就是你没有打好基础，没有能力为现在遇到的和即将到来的挑战"买单"。

事实上，无论你变不变，时代都在变；无论你的财富变多变少，GDP都在增长；无论你的购买力有没有上升，青春都在不断消逝。离结婚买房买车还有多久呢？离为人父母还有几年呢？离父母老去还剩多少时光呢？……

智者，未雨绸缪；愚者，原地自欺。有智如你，必当崛起！

有紧迫感的人趁着青春年少，早做准备，就是时代的宠儿。进步将是他们的奖励，他们将变成时代的领袖。而那些蒙着眼睛、拒绝、逃避、懦弱的没有紧迫感的人，他们必将面临要财富没财富、要资源没资源、要人脉没人脉、要幸福没幸福的困境，留下的只有岁月带来的沧桑，却还要掩饰他们的敏感、脆弱，然后如此恶性循环，日益沉沦下去。有紧迫感的人和没有紧迫感的人曾经的起点是一样的，有紧迫感的人能规划好自己以后该怎么活，这必然造就今后不同的生命品质；没有紧迫感的人对未来两眼迷茫、逃避、虚度，终将造成人生的悲哀。青春需要用智慧经营，不然命运将青睐别人。

年轻时不愿意多做一些事情来获得战斗力，其实就是拒绝变强大。年轻的时候不练好武功，错过成长的关键阶段，再想练武功势必更难。武功不好，闯荡江湖的本事就弱，这就是很多人陷入人生困局的根本原因。越是陷入困境，越容易有狭窄的气量与格局，眼界也越容易被局限。有些人认为那是因为社会不公，其实不是社会不公，而是这些人没有在年轻的时候投资自己，没有让自己的武功变好。

当然，修炼武功是一个过程，所以需要耐性和循序渐进。

【案例直击】

世界撑竿跳名将布勃卡有个绰号叫"1厘米王"，因为在一次次重大国际比赛中，他几乎每次都能刷新自己保持的纪录，将成绩提高1厘米。当他成功地跃过6.25米时，他感慨地说："如果我当初就把训练目标定在6.25米，没准儿就被这个目标吓倒了。"在现实中，很多人在实现梦想的路上之所以半途而废，原因有时竟是梦想太大，感觉太遥远。如果我们把梦想缩小到"1厘米"，也许会少许多懊悔与感叹。

我们修炼武功也是如此，不要制定那些一步登天的目标，可以慢慢地持续地进步，创造不断超越的人生。

其实，我们每个人都是一台厉害的吐钞机，自己就会吐钞票。很多人每天就是狠劲儿地砸自己这台吐钞机，虽然吐钞机开始还能吐一些钞票出来，但是终究会有一天，把自己完全砸废了，不会吐钞票了。他们具体怎么砸的呢？比如无限制地看泡沫剧、睡懒觉、找借口、拖延、玩游戏，等等。通过这样来砸自己这台吐钞机，砸到最后，跟时代脱节了，什么钞票都吐不出来了，跟不上时代了，才知日暮穷途，悔之晚矣。只有投资大脑、勤练武功，才可以不断提高我们"吐钞机"的稳定性和效率。

当然，有的女孩子可能会说："干得好，不如嫁得好。"

没错，嫁得好当然会改变女孩子的命运。但是，一个女生要具备哪些条件才能具备较大的择偶权呢？国色天香？倾国倾城？花容月貌？还是能够协助豪门打理生意？国色天香、倾国倾城、花容月貌属于先天优势，如果你具备，自然可以依凭，但是光凭这一样也不够。如果你不具备呢？想嫁个好老公，就一定要经营好一个秀外慧中的条件方有可能。女性也要学"武功"——即使相夫教子也需要足够的修养和底蕴，这也是一种"武功"。真正能被"豪门""旺族"接纳，并且不是短期交往（那只是被占有、消耗青春），而是真正成为一家人，并能长期幸福，绝不只是"面容姣好"这一个条件就够的，必然需要内外兼修才能 hold 住那份福气。至于案例，我想读者朋友们并不鲜见吧。

3. "武功"才能改变命运，而非那两个"小钱儿"

干同样的活，有的人带着被动的心态，有的人积极主动进取。如果如前者则5年都难有进步，或者是以蜗牛的速度进步；如果如后者，那么就会从每一件事情当中学到本事。

《红楼梦》中有一副著名的对联：世事洞明皆学问，人情练达即文章。红尘皆为我师，年轻人做事情，若能常怀一份"学生"的心态，则在同样的年限下，成长速度必然更快。因为我们要明白：改变我们命运的不是眼前那两个"小钱儿"，而是我们所学的"武功"。

【叶俊的小故事】

叶俊从初中一年级到上大学之前，从事过12份兼职工作。大一的时候开始创业，取得成绩但是不久遭受失败。大二的时候他又重新站起来，从此开始全国飞，做企业培训，做策划老师。到大学毕业的时候，他已经跑过全国二十几个省。

在这个过程中，叶俊熟知价格单设置技巧、礼品赠送表的配备方式，还学会了广告创意、文案、企业策划、公众演说、潜能激发，学会了很有能量地开早会、安抚和激励员工、为大型销售会搭建组织架构……他打造了诸多颇具实效的电话邀约话术，并教会各地员工如何打邀约电话。他会招聘与培训勤工俭学的兼职生，懂得如何布置卖场，怎样活跃销售现场气氛。他会用标准的普通话念广播稿，用较专业的声音给服装秀配音……

叶俊大量的阅读思考与实践相结合，使他成为客户们的好顾问。当时，客户们面临的大多数问题他几乎都能给出合理的建议。既能给客户们很好的启发，还能帮助客户做决策，那么，这样的"武功"是不是可以赚到更多的报酬呢？显然可以。

当然，在闯荡江湖、修炼武功的过程中，并不总是一帆风顺，有时还会陷入困境。2004年3月，那是叶俊人生中最黑暗的时候，他大一积累的十几万元全部消耗光了，还倒欠了6万元的债。当时，他面临着辍学的危机，只能停租外面的房子，省下钱来去还债。这之前，较高的兼职收入曾让这位大学在读生过着滋润的日子。但一次重大投资的失败，让叶俊一夜回到了解放前。到大二第二个学期，叶俊最穷的那一天，连一毛钱都没有了。中午他看着大家去食堂吃饭，不知道自己应该去哪里。他是靠临时从班长那借到的10元钱才挨过了那几天。由于不再有费用垫资，原先的收入来源都被斩断了，他只能重新依靠家人的一些帮助……

熬到寒假，年后叶俊照例回家去看望初中班主任，一位他十分敬畏的老师。从初一寒假开始，他每年都去拜望班主任。叶俊从班主任那里不仅获得了精神力量，还收到200元红包，再加上他父母和亲属给的，总共收入了1000元钱的压岁钱。有了这笔钱，他决定用他的"武功"东山再起！

开学后，叶俊过去相熟的一位大姐转职某新品牌影楼，开业时需要做一场活动秀，她让他招150个兼职生，同时负责培训这150个"小蜜蜂"（为活动现场邀约准客户的兼职大学生），并现场管理这些人的秀场活动，然后还要做活动主持人。她答应他的报酬是一天250元到300元。其实按状况，叶俊那时非常需要那些现金。但叶俊当时的回答却是："老姐，你的店开业，按理说我应该给你包开业红包的。现在这活儿我可以免费做，不收费，就当老弟给你包红包了。"结果，营销活动效果非常好，而叶俊的"免费"则给影楼的老板留下了良好的印象，于是被这家公司破格录用为企划部的职员，但是给他定的是主管级的薪水，就这样，叶俊用他的"武功论"重新踏上了征程……

说到人生的收获，无非就两种：一种是物质的，包括现金的、有形价值的收获；另一种是非物质的，包括经验和智慧的收获。物质的收获固然重要，而非物质的收获有时则更关键。

有的时候，单纯的物质收入常常无法改变命运，比如那些通过劳务输出在工厂或做司机等机械重复工作也挣到了几十万元的人，回国不久常常又被"打回原形"了。因为那种"高收入"没有可复制性。为什么没有可复制性？因为他的武功没有变好，回来换个环境，他就不值那么多钱了。有些拆迁户亦然，因为没有提高"武功"，"武功"没有变好，就没有可持续性，无法再次创造高收益。

如果"武功"没有得到提高，收入就只是多了一笔现金。而单纯只是多了一笔现金，却没提升"武功"，则现金也未必能守得住，更遑论提高资源的效能！

拆迁户开始拿到几百万元，最后，有些人过得还不如原来，因为一下子拿到了几百万元，常常看不上那些赚个40万元、50万元一年的生意了。他们"武功"没有变好，却好高骛远，结果可想而知。

在职场中，也有很多员工只注重现金，有额外现金收入才会"额外"地干活，这样的话势必会自动砍掉大量成长机会。因为不给现金就不干了，没有现金就不改变不提高自己。不改变自己、不提高自己，其实最吃亏的还是自己。

可以说，但凡"武功"没有变好，单纯的现金只是暂时聊以自慰的麻醉药，却根本无法真正改变命运。唯有"武功"上了台阶，才是身价持续倍增的大道。

4. 近利与远志成反比

眼前的小奖金不给我，我就不干活，这就是只重视近利。越重视近利，越代表没有远志。有远志的人，看到的不是眼前的利益，而是长远的利益。有远志的人会认为"武功"很重要，被高手提拔更重要；少走弯路很重要，吸引到贵人更重要。

古人云："不图小利者，必有大谋。"孔子则说："见小利，则大事不成。"当然，远志不是让你故意去吃亏、损失甚至冒险，而是让你在尽可能对的时间、值得付出的人与事上，舍得为远志投资。

一个人只贪图眼前利益，我们不能说他不对，但是不容易有什么太好的未来。如果你的眼光能透过这笔小利看到更有价值的武功摆在后面，也许眼前貌似吃亏，但实则可以练就更厉害的"武功"，可以超越自己，让自己变得更有价值，那么离更有收获还会远吗？

最可悲的是，你不给我额外的钱，我就拒绝把自己变得更优秀，我就拒绝把自己变得更厉害；你不给我额外的钱，我就保持"菜鸟"状态。这是一种什么思维方式呢？我们称为穷人的思维方式。怕吃亏，怕额外的收入拿不到，以收入能否拿到作为要不要做事情的标准。

【案例直击】

《吕氏春秋》记载：晋献公想攻打虢国，但去虢国需从虞国经过。于是就派荀息去向虞国借路以便攻打虢国。荀息说："请用垂棘之璧和屈地所产的良马作为礼物赠给虞公，这样去请求借路，虞公就一定会同意。"晋献公说："垂棘之璧是先君传下来的宝贝；屈地所产的良马是我的坐骑。如果他们接受了我们的礼物而又不借给我们路，那可怎么办？"荀息说："这种情况不会出现，他们如果不借路给我们，一定不会接受我们的礼物；如果他们接受我们的礼物，就一定会借路给我们，再说了，把垂棘之璧、屈地所产的良马送给虞国，就好像我们把垂棘之璧从内府转藏到外府，把屈地所产的良马从内厩牵出来关到外厩里。有什么好担忧的呢？"晋献公就同意了，派荀息把垂棘之璧和屈地所产的良马作为礼物送给虞国，以借路攻打虢国。虞公一看宝玉和骏马，就一口答应了荀息。宫之奇劝虞君说："不能答应呀，虞国跟虢国，就像车牙跟车辅，车牙依赖车辅，车辅也依赖车牙，这正是虞虢相依的形势。古人有句话说'嘴唇没有了，牙齿就会感到寒冷'（'唇亡齿寒'的来历）。虢国不被灭亡，靠的是有虞国；虞国不被灭亡，靠的是有虢国。如果我们借路给晋国，那么虢国早晨灭亡，虞国晚上也就会跟着灭亡。怎么能借路给晋国呢？"虞公却贪图近利而不听宫之奇的话，把路借给了晋军。荀息带兵消灭了虢国，在回军时又消灭了虞国。荀息拿着玉璧牵着骏马回来向晋献公报告。献公高兴地说："玉璧还是原来的样子，只是马的年龄稍微长了一点。"可见，近利是远志之贼，近利与远志成反比。

同样，宋太祖赵匡胤，出身官宦世家，衣食无忧，然而胸怀远志的他却在早年外出投军，辗转两年后，于公元948年21岁时投身后汉枢密使郭威帐下。他本可借祖辈谋个一官半职，却甘愿主动做个小兵，从此得以有机会追随在那个时代军事与谋略水准都一流的郭威身边做一个亲兵。

随后征讨河中节度使李守贞、郭威被士兵拥护"黄袍加身"以称帝等事件，给赵匡胤上了一课又一课。这一过程中郭威的处世谋略，对局势的精准把握和利用，都让赵匡胤受益匪浅。及至后来周世宗柴荣即位后，赵匡胤更是屡立战功，同时也从柴荣身上汲智不少。从某种意义上来说，公元960年赵匡胤能黄袍加身成功开创大宋，郭威、柴荣这两位皇帝，不能不说是赵匡胤这个晚辈最好的启发者和教练。

倘若赵匡胤受惑于家底不薄的眼前诱饵，又岂能有机会学这文韬武略，更何言开创大宋帝业呢？

我们讲近利跟远志的关系，并不是让大家不顾近利去冒进，故意去赔钱，而是要在比较精准的分析下舍得投入，而不是只顾近利忘了远志。

5. 富二代就不需要"武功"？

对家族传承来讲，"武功论"也非常有意义。有的人会说，我有房有车，我是富二代，甚至有豪车豪宅、亿万家产，我的起跑线比别人高，所以我不需要那么努力，当然也不需要什么"武功"，就能享受到比较优越的人生。

如果按照今天富人的孩子叫作富二代的叫法，古代皇帝的孩子显然就应该叫作皇二代了。那么你说是富二代牛，还是皇二代牛呢？你说我们家富可敌国，对不起，人家皇二代的家就是国。也就是说，皇二代肯定要比富二代更有基础啊！

皇二代该学的"武功"他不学，会是什么结局呢？

皇二代该学的"武功"，第一项就是领导力：怎样用人识人；如何平衡文武势力；如何化解敌对势力；如何斡旋于列强；如果已经是强国了，该如何称霸；如果已经称霸了，如何使基业长青、江山永固、国运长久。

这些谋略、政治智慧、军事才能，是皇二代该有的领导力基本功。那么这些学问会随着皇二代的身份而自动获得遗传吗？显然不能。皇二代必须通过学习与体悟，才能形成自己的"武功"。如果皇二代没有学会"武功"，等老皇帝一驾崩，很可能他第二天就被架空了，第三天就被干掉了，然后国破家亡，求为平民而不得。为什么呢？因为他有盲目的安全感，以为皇二代理所当然地继承江山社稷，根本不需要什么"武功"呢！众所周知，你拥有的财富越耀眼，惦记你财富的人就越多。换言之，你越是家底深厚就越有必要学会各种基本功以捍卫你的财富。能力与财富必须匹配，你才能保护基业，保护自己。

【案例直击】

历史上唐太宗李世民是一位非常有作为的皇帝，李世民看好李承乾，于是立了李承乾为太子。但是李世民也无法把自己的"武功"遗传给儿子，需要儿子自己把"武功"学到手。李承乾被立为太子的时候才8岁，而且聪明可爱。可就是这样的皇二代，该学的"武功"没有学到手，后来还是被废了，下场很惨。高宗李治也是李世民的儿子，种种机缘，他继承了皇位，可是后来大权却旁落于皇后武则天手上，这都是身为皇二代该有的"武功"没学好所致啊！

明朝开国皇帝朱元璋曾经为僧乞食，后来却打下一片江山，以自身的文谋武略，创建了大明王朝。朱元璋非常喜欢长子朱标，并立其为太子。朱标早逝，朱元璋就立朱标的儿子朱允炆接班，即建文帝。建文帝即位后与一些亲信大臣采取了一系列削藩措施，明太祖第四子燕王朱棣成为目标。结果燕王朱棣起兵反抗，挥师南下，史称"靖难之役"。建文帝虽派兵北伐，但他缺乏谋略，而朱棣灵活运用策略，消灭南军主力，最后乘胜进军，攻下帝都应天（今天的江苏南京）。战乱中建文帝下落不明。明成祖朱棣即位后，开创了永乐盛世。

建文帝为什么会落得如此的下场呢？原因当然有很多，但主要的还是因为没有完成皇二代该有的"武功"之基本修炼，没有厉害的"武功"，所以得到了江山也守不住。要胆量没胆量，要谋略没谋略，要果断没果断，就是"武功"不过关，所以就守不住皇帝宝座，而且结局悲惨。

而明成祖朱棣是朱元璋的第四子，在老家凤阳时对民情就颇有所知。就藩北平（今北京）之后，作为燕王，多次受命参与北方军事活动，两次率师北征。也就是说，朱棣在当皇帝之前，就练就了较好的"武功"，这才能在"靖难之役"中取胜。当皇帝后，他开创了明初盛世，《明史》说他"貌奇伟，美髭髯。智勇有大略"，又说他"知人善任，表里洞达，雄武之略，同符高祖"。明成祖无论从文治上还是从武功上来说，都是一个雄才大略的君主。

连皇二代不练就"武功"都会国破家亡，那么富二代不练就"武功"就可以高枕无忧吗？显然不可能。富二代如果没有"武功"护体，那么只是被动地继承了物质财富，也就是身外之物，能否长久享用很难说。

无论在国内还是国外，如果父母表现一般，而孩子很成功，那么这个家族算不算成功呢？肯定算。如果父母非常优秀，孩子是败家子，那么这个家族算不算成功呢？肯定不算。可是，很多的家庭都在做一件不合逻辑的事情。他们光知道父母不能替孩子做作业，因为那相当于不让孩子好好学习，但是好多家长却不知道磨炼孩子。其实某种意义上来说，磨炼比学习还重要。

在亲子传承当中，财富固然重要，但是"武功"比财富更重要。没有"武功"，财富难保。继承，是被动的，是物质层面的单一接受，接受物质越多，越容易成为众矢之的，保住遗产的难度也越大。所以按理，应当是接受遗产越大者，"武功"该练得越好才是。而传承，是主动的，是接受双方合作的关系，父辈的智慧在漫长的相处、理论与实战中传承给孩子，则孩子是真的拥有"武功"了，那种情况下，孩子方能做到"一代荣，二代盛"。反之，躺在家族背景上吃老本，该学的"武功"不学，则难逃"一代荣，二代衰"的魔咒。

篇末寄语

各位亲爱的读者，人生需要十八般武艺。就让我们从现在开始检视自己：自己的人生规划是什么？实现这些规划都需要哪些"武艺"？已经具备了哪些？还缺少哪些？你将如何一一解锁呢？

几个具体实用的小建议：

- 既然做事了，就用心做，则必有所悟，所悟即智慧。
- 与任何人接触，择其长处而习之，避其短处以自省。学而不得则敬之礼之，以备为人脉。
- 每日写心得，做不到则至少每周总结一次。
- 有意识地去和比自己优秀的人交往，并尽可能同时为对方提供价值。
- 有意识地去阅读专业书籍，放心，你很快会体会到乐趣，并得到现实奖励。
- 从任何听到的、看到的案例中，不管是现实中还是文学作品中，去品出经验教训，去提炼心得。养成总结的习惯，养成透过现象看本质的习惯。凡事都不是发生在你身上，而是为你而发生。

第三章
火锅论

吃一顿火锅都要那么多"必备元素缺一不可",那么想要创业成功改变命运又该有哪些"必备元素缺一不可"呢?

——自题

为什么有的人毕业多年还是那一套在校学生的思维和行事方式，而有的人却能够迅速融入社会，从工作、生活中学到足够的本事？

为什么加入创业队伍的人很多，而成功者却凤毛麟角？除了大环境的因素，是不是更多的是创业者自身的问题？

为什么原来在某一领域或者团队表现优秀的佼佼者，等到了自己创业时则以风风火火开始，以商场折翼而黯然退场？

……

原因自然很多，本章就让我们从"吃火锅"开始吧！

人生事业就像吃火锅。

吃火锅需要什么条件呢？锅、碗、瓢、盆、筷要有，汤、水、菜肴要有，火要有。关键的东西缺一样，也吃不成火锅。

吃一顿火锅都需要这么多材料，而对于创业者来说，同样也需要各种必备元素。但事实上大多数创业者或创业团队是在缺乏必备元素时就出征了，结果当炮灰的概率当然很高。

因为创业犹如吃火锅一样，必备元素缺一不可。

1. 为了未来，打造一专多能的人

如果一个人对自己的未来、地位有一定的追求，不想到了三四十岁还做一个基层员工，比如想要自己创业，或者想要成为公司的高管、接班人、合伙人，我想，"火锅论"是不错的参考思想。

"火锅论"的核心思想，就是为了未来，打造一专多能的人，甚至打造具备多方面强项的人和互补性创始团队。因为在你未来所在的几乎任何行业里、任何城市，都有前五名、前十名……在那儿等你了。从综合的能力方面来讲，他们显然都是行业的先行者或者大咖，而比起现在只有一两个小优势的你而言，恐怕差距都不小。假如你去开一家公司或店面，参与到这个行业的竞争角逐中去，那么你凭什么能活下来？你凭什么能站得住脚？你又凭什么能做赢家呢？

如果你是技术人员，想去创业，即使有十几年的工作经验，但资金的储备并不一定是那么雄厚。如果没实践学习过领导力和销售力这两个最重要的基本功，仅仅是有点技术，这个单项条件能使你的事业成功率能有多高呢？

事实上，这两项基本功的重要性非同一般，而是属于创业的核心技能。没有领导力，你怎么吸引、招聘、培养与合作到高手呢？如果只是自己单干，你很可能长期都只是一个工作室的主人，而不是真正意义上的老板，更不要说企业家了。而销售，则是大部分创业者获得收益的核心途径，毕竟，产品是基础，销售是关键。

吃一顿火锅都要那么多的必备元素，而且缺一不可，那么白手起家去创业，难道比吃个火锅还容易吗？显然更不容易。创业需要更多更有难度的必备"武功"，如领导力、销售力、合作能力、胆量、沟通力、承受力、情绪调整能力……试问哪一个元素能删除呢？

正因如此，所以你在创业之前，就要具备"火锅论"的智慧，不要只盯着手里已会的单项技能，而是要有意识地提高各项创业必备的能力以及综合能力。提高这些能力就像吃甘蔗一样，学习历练的过程就是一个去其糟粕、取其精华的过程。

同样地，你经历过今天的成交或不成交、接纳或拒绝、抗拒或征服等，表面上看到的只是赚到一笔提成，小小的几百元、几千元，但在这背后是你经历了无数次的磨炼，你可以摸清跟不同的人打交道的门道，那么交际能力有了，识人察人能力有了，沟通能力有了，说服力有了，销售力也有了，每一次成交的背后你所拿到的是未来创业所需的多种必需"营养"，这意义远超提成收入的本身！尤其是对于技术出身的人来说，当你突破"技术者"的自我局限而能开发并成交客户的时候，你未来"吃火锅"的得胜率就高很多了！

第一次被拒绝，你可能会面红耳赤，内心非常脆弱，甚至有的人还哭了鼻子，三天才缓过神来。但这些在成功者看来，都是必须经历的。因为只有这样，才能既积累经验，又掌握承受力、情绪调整与担当的能力。所以你在这个过程中，赚钱只是一个有形的小小的收获，无形的则是自己在各个方面的巨大突破。各种火锅原料，包括领导力、商业模式打造胆量、合作能力、沟通力、组织架构能力、销售力、说服力、承受力、情绪调整能力等，这些都是你创业的必备要素。

这各种各样的火锅原料，都蕴含在你现在的一次次实战当中。那么，如果你动不动就躲起来，以为躲得过眼前这个"难题"，就是"幸运"，那么你就丧失了备齐"火锅原料"的机会。你如果认为只要做好"本职工作"就可以了，那你以后大约只能帮着别人完成他事业的一小部分，顶多就是某一个领域的专家。然而你不大可能成为全局领袖，当然也难以成功创业，因为你的综合能力比较弱。

天分不会自动转化为能力，要想白手起家、事业有成，这比吃一顿火锅来说显然要困难千万倍。所以，创业型领袖需要修炼更多的高级的"必备元素"。有道是："毛羽未丰，高飞必坠。"正所谓缺啥补啥，缺水喝水，缺觉补觉，但若缺胆量、缺承受力、缺口才、缺说服力……要怎么"补"呢？这一切都要通过锻炼来获得。缺说服力就用"参与销售"来补，缺胆量就用"开发客户"来刻意练习，缺承受力就去面对"被拒绝"，而缺"领导力"除了要加强专业知识学习外，更要实现自我突破，创造战绩，树立威望……这些重要的创业元素，都需要你突破现有"专业"的束缚去战斗方能获得。一个人想要有本事，就要勇于去尝试那些不擅长乃至不会的事物。既然如此，那么为什么不抓紧利用公司提供的各种"免费机会"呢？比如公司专门请来专家老师授课就认真学习，公司有大型营销活动就积极参战。

有的人可能会说，创业也不一定非得自己单干，也可以找几个单项高手组成一个合伙团队呀！没错，这个办法可以缓解"火锅论"在个人身上的压力，当然这也是一种升级版的"火锅论"，把一个人要具备的能力分散到了几个人的身上。可是在这个过程当中还需要领导力，需要合作的能力。因为几个人的配合不是自己一个人做事情，所以需要领导力和合作能力来组织与协调。

当然也有人会疑惑，我的老板销售力、口才、学习力等也不是很出众啊，他是怎么办到的呢？对这个问题要一分为二地来看。第一，你的前辈或者老板在创业时，整个社会、经济、文化等的环境不一样，他入行比你早，起始创业的要求就较低。当他已经搭建好平台，就可以以资金和平台优势来整合其他资源了。第二，他后期也在不断地学习。第三，没有一个不思进取的领袖是长盛不衰的，那些没有与时俱进的前辈已经没落了不是吗？第四，真正的高手常常大智若愚，四两拨千斤，你可能暂时还读不懂你的老板而已。

2. 不磨不成佛，先沉潜后飞动

莎士比亚说："人生就是一部作品，谁有生活和实现它的计划，谁就有好的情节和结尾，谁就能写得十分精彩和引人注目。"按照我们的说法，只有具备足够的素质和能力才能确保他的计划实现。正如联合国教科文组织提出的 21 世纪教育理念的四大支柱：学会学习，学会做事，学会共处，学会做人。也就是说，现代人已经不是混一张文凭就可以了，而是要具备不可或缺的复合素质与能力了。

我们难以仅从学校教育中习得上述所有素质，所以还要在生活和事业实践中学习与提高。其实，高手都明白这个道理，他们不仅在自身实践中身体力行，还会对自己的孩子言传身教。

【名人故事】

李嘉诚是中国商界不败的传奇，纵横商海 70 余载，创造了无数奇迹，被人们冠以"超人"之称。他对于儿子的教育，跟"火锅论"的精神非常契合。

李嘉诚从来都不娇惯儿子。他坚信：教孩子学会自立自强，学会做人处世，比给他金山银山要强百倍。所以，他要求两个儿子李泽钜和李泽楷从小克勤克俭，不求奢华。他们虽然出生在大富之家，却很少有机会享受奢华的生活。他们小的时候，李嘉诚很少让他们坐私家车，却常常带他们坐巴士。有一次，李嘉诚看到路边一个小女孩边卖报纸边学习，就特意带两个儿子经过这个报摊，借以让他们学习小女孩认真学习的态度。

后来他们都以优异的成绩从美国斯坦福大学毕业，想进入父亲的公司施展才华，父亲却说："我的公司不需要你们！"兄弟俩愣住了，说："爸爸，别开玩笑了，您有那么多公司，就不能安排我们工作？"李嘉诚斩钉截铁地说："别说我只有两个儿子，就是有二十个儿子也能安排工作。但是我希望你们先去打自己的江山，让实践证明你们有资格到我公司来任职。"

他们到加拿大，一切从零做起，终于有所成就。李泽钜成功经营了一家地产开发公司，李泽楷则成了多伦多投资银行最年轻的合伙人。在他们创业过程中，李嘉诚冷酷得不近人情，什么都不管不问，任凭哥儿俩在商海里挣扎拼搏。

在李嘉诚的培养下，两个儿子在独立处理加拿大世界博览会旧址的庞大发展规划，以及策划收购美国哥顿公司"垃圾债券"等一系列大动作中，都表现出惊人的胆识和灵敏的商业头脑。李嘉诚曾自豪地说："即使我不在，凭着他们个人的才干和胆识，都足以各自独立生活，并且养家糊口，撑起家业。"

如今，李泽钜和李泽楷皆已成为举足轻重的商界大腕，李泽钜加入父亲的公司，父子合力打造李家更辉煌的未来，而李泽楷则以90亿元的身家成为世人瞩目的商界明星。

不仅李嘉诚的儿子是打拼出来的,很多大咖也是,正如神枪手都是子弹喂出来的,而不是从射击理论习得出来的一样。各行各业的职业高手,成长原理都如卖油翁所言"无他,但手熟尔"。在这方面,有一个"一万个小时原理":4小时/天 × 7年约为10000小时。各行各业的职业高手,多数情况下,无非是一万个小时从业经历的结果。当然,有些能力是不需要一万个小时的。

成功应该是水滴石穿、水到渠成,而不能单靠激情燃烧的拼搏和冲刺。真正的事业远行者,必须回到生活常态和朴实无华上来,把对理想的追求、志向的落地、底蕴的蓄积、胸襟气度的养成等,转变为一种天长日久、平淡如水的生活常态。然后,成功就会在不远处等你。

佛家讲"不磨不成佛",庄子则说"先沉潜后飞动"。人生就像是睡莲,成功则是浅浅地浮在水面上的那朵看得见的花,这朵花能否开放得美丽灿烂,取决于水面下看不见的那些根系。因为我们太在乎成功,往往全部心思都专注于水面上看得见的花朵,却疏于去关心决定其荣枯的根系。所谓根系,就是我们"吃火锅"时那些需要养成的必备要素。

3. 违背"火锅论"的创业就是在用一个轮子开汽车

在商业经营中,公司产品或者服务当然要好,但是公司销售力、管理力一定要同样好。在很多公司,门店推广全员营销时,总有大量非销售岗位的员工是很抵触的,他们不喜欢参与销售,更看不到参与销售后能带来的综合成长,也看不到不会销售对未来发展的桎梏有多严重。更有甚者连销售岗位的很多员工骨子里都抵触参与销售。但你的产品要想被人购买，必须要有强大的营销能力。而对于个人而言，销售无疑是诸多能力中最重要的一种能力。

销售是世界上营养最丰富的"食品"。一个人可以通过销售学到相当多的东西，在创业时尤其需要。

【案例直击】

在一家影楼，一个女孩与一个男孩都是高中毕业，女孩从20岁到22岁，由化妆助理做到化妆师，男孩从21岁到24岁，也由摄影助理做到摄影师。他们工作期间恋爱、结婚、生子。同时10年间攒下现金60万元。三十多岁想要创业，他们父母又支援了27万元。他们拥有87万元现金和一定的社会阅历，还掌握化妆与摄影技术，从业10年，看起来条件还不错。

但是但凡在一个像样点儿的大城市，投资87万元现金创立影楼，如果选择好地段则资金有困难，只能找一个二三类的地段，而且设备与装修不能太奢华。接下来他们就能在高手如云的市场上打开局面，站稳脚跟吗？他们会说自己有技术、技术好，女的会化妆，男的会摄影。

但是在现在这个时代，任何城市任何行业的技术都是高手如云。你如果只会技术，不会销售，你就无法把你的高超技术成功地让客户接受，也就无法转化为利润。

和先入行的同行比什么呢？比技术？上面说过了，未必拼得赢；比资金？许多老板可能都比他们更宽裕；比人脉？人家毕竟已经在当地做这个行业做了这么多年，无论是口碑还是异业联盟都有一定基础了；比团队？夫妻俩自己才起步……这时候创业，真可谓夹缝之中求生存。

显而易见，这时候任何单一的优势都不能保证他们绝对胜出，他们需要自己掌握更多的技能。当然他们也可以聘请一些综合能力更高的人来，但作为白手起家的创业者，显然，第一阶段让自己的才能有基本的全面性会更靠谱一点。毕竟，千军易得，一将难求啊！

那么彼时的他们还会些什么呢？会招聘？带团队？潜能激发？开会与演讲？销售与开发客户？异业联盟整合？胆略与格局？如此欠缺基本功，单单执着于自己的技术，成功概率怎么会很高呢？

这十几年来，摄影师只会重复地说类似于"来，看这边，笑一笑"之言。相信不会遇到很多客户生气地说"我偏不"。当他从来没有被拒绝过的时候，承受力显然是无从谈起的。同样地，执着于技术的这么多年来，胆略没有，领导力没有，格局没有，说服力没有，销售力没有……那么多创业需要的必备能力都没有，创业后成为炮灰的祸根已然埋下。

这时候，一次性拿出全部积蓄，赌上双方父母全部养老金的尝试，很可能将变成一场华丽的冒险。每年，不知道有多少工作室、小公司开起来，又迅速倒闭；有多少人拿着十几年辛辛苦苦积攒的启动基金，又被打回了原形。为什么会这样呢？因为这十几年来，所有免费的尝试机会都不珍惜——公司的营销活动，身为技术人员避开参与销售，毫无成长，却拿着所有积蓄做了一次性的冒险，论证自我能力的代价何其大焉！

公司老板以后分配给非销售岗位人员销售任务的时候，他们要是嘟嘟囔囔地照老样子抱怨说："我们是做技术的，又不会吹牛，做好服务和技术就好了，一个月也有七八千元，一个单子提成才一两百元，还是不做销售了吧！"你或许可以张大嘴巴，瞪大眼睛，盯着他，夸张地喊："天哪！你居然以为我是让你去赚那一两百元？天哪！你到底是看不起我，还是看不起你自己啊？你可要知道，你赚到一两百元的背后，是不是被拒绝了几次几十次啊？这一两百元的背后，是不是几十次地锻炼了口才和说服力啊？是不是几十次地锻炼了情绪调整能力和承受力啊？是不是几十次地锻炼了人际交往和开拓能力啊？你表面上拿到的是一两百元，但给你带来的是几十次的磨炼和成长啊！这才是你装进大脑的真正收获啊，而且你不成交也没人向你追责，何不趁机快速成长啊！

事实的确如此，就看当事者能否觉醒。

4. 销售是世界上营养最丰富的"食品"

传统的店面式经营常常会陷入一种困局。搞大型活动时，销售人手不够。这时如果招聘全职人员则培训成本太高，而且并无必要长期养着一大批为活动准备的人手。但如果不招聘全职，兼职人员水平良莠不齐，临时培训对公司文化了解也不够深入，加上和团队的磨合成本，常常会白忙活一场。那么有没有一种兼职又了解本公司文化、对公司运行制度熟悉、使用成本低而又能很快与现有团队磨合的人，最重要的是这批人还是忠于本公司的而并非同行派来的"间谍"呢？

方法当然有，那就是安排公司其他非销售岗位，如技术人员等临时兼任"销售员"的角色。这个主意听起来似乎也不新鲜，相信在实际操作中很多公司已经这么做了，但效果一定各有高低。

"出则为兵，入则为民，平时耕猎，战时出征。"这是靠十三副半铠甲起兵的努尔哈赤成立的八旗制度的精髓。作为企业来说，这种"军民一体制"虽然大大节省了财力、物力、时间和考验成本，但最大的问题在于人这种动物是有情绪的。

在这个点上，常常困扰老板的问题就是办公与技术人员不愿参加销售活动。

他们为什么这样呢？安东尼·罗宾说过："人生的所有选择，其动力都来自于追求快乐和逃离痛苦，其中逃离痛苦带来的动力甚至更为持久和强劲。"他们认为销售这件事让人很痛苦、不体面，甚至认为销售员需要"厚脸皮"和"油嘴滑舌"，所以往往选择逃避这项临时工作，还自认为"躲过才是聪明的"。

但是换一个角度来看问题，办公与技术人员参与销售，如果他们有追求将会受益匪浅，如果一个人一辈子只想当个基层员工，那专业化也不错。但未来想要创业、想当领袖的人，光有一两项专业技能是远远不够的，而是需要备齐创业、当领袖的重要能力元素。

销售是这个世界上营养最丰富的"食品"。前段时间网上盛传一句话："小孩子才分对错，大人只讲利弊。"当然，我们不是要探讨道义问题。那么，在对待销售上不应该看到它的利益吗？

非销售岗位的伙伴们如果了解了"火锅论"，他们会去积极主动地跟客户交朋友，积极主动地去配合公司的活动。

当我们能帮助对方领悟出为什么要参与销售、学会销售的好处，不会销售的坏处的时候，就彻底解决了公司非销售岗位人员不爱参与销售的动机障碍。当然想要大家参与大型活动销售，只有动机是不够的，还要有战术培训。把公司核心卖点罗列为话术，辅以成交步骤，为新销售员们逐一讲解、考核，强烈的成长动机配合成熟的话术，"新人"们必能迅速成长为合格销售员。

我们说讲道理可以影响人，那么是什么改变了呢？当然是思维改变了。引导一个人向上，我们不需要批评他，我们不需要大棒，也不需要胡萝卜，我们需要帮他理一下思路，让他看到真相，看到突破障碍后对生命的价值，实际上就是"通心破障"。这个世界上，看不懂真相的人太多了。所以，他们以自己的青春做代价，直到后面就再也没有机会。不是因为命苦，而是因为当初拒绝战斗，没有参战，岂能成长？没有成长，又岂能成功？

那有的老板可能会问："如果我的员工都具备这个意识的话，他们未来变成我的竞争对手怎么办？"其实这么说，那就是你自己看不起自己了，显然需要提高自己的格局。如果你害怕你的员工进步，说明你在潜意识里没打算进步嘛！再说了，一个真正有抱负的员工，你能挡得住吗？同样在你公司工作5年，一个混日子状态的员工的5年，和一个为未来成为领袖而工作的员工的5年，他们在你公司的贡献值会一样吗？再说，你也在进步，他真的那么棒，他也要合作伙伴，你何不给他一个开分公司的机会或者投资他呢？

篇末寄语

亲爱的读者，你认同我们的"火锅论"吗？你有意愿做一个"多能"人才或者创业者吗？如果有，那么你肯定已从"一招鲜，吃遍天"的桎梏中摆脱出来了，从为自己尚有一技之长的安逸中摆脱出来了，从"没有营养"的销售能力的偏见中摆脱出来，并已决定努力备齐自己人生事业所需的"火锅原料"。

几个实用的小建议：

- 发现自己的天分或专长，用专业书籍、专业课程、专家建议指导自己，优化并巩固自己的核心技能优势，确保专业优势过硬。
- 发现自己较"致命"的弱项，如"情绪调整能力差"、"承受力差"或"缺乏领导力",然后评估一下该弱项是不是未来创业成功的必备项,若与成功无太大关系,则接纳自己的小缺点;若发现该缺点是成功之大敌,则必须立即通过刻意练习,有意识地干掉它!

- 提前准备,现在就可以去发现并结交与你能力互补的小伙伴了,他们很可能是你未来事业的合伙人。注意,你未来事业的合伙人很可能是你现在的老板,毕竟互相磨合过的合作,成功概率更高。
- 平常养成与客户互动、交朋友的习惯。这是开发客户的一种很好的方式。
- 积极且经常用心深入参与公司的大型营销活动,你会受益匪浅。
- 多学习未来必然用得上的知识,比如领导力、管理学、股权架构、商业模式、销售等,为未来成功创业,改变命运这顿"大火锅"早做筹备。

第四章
代价论

没有"代价"的观念,是我们对资源浪费视而不见的根本原因之一。

——自题

如果以是否认为自己和机会均属昂贵为标准来划分，那么你是否拥有必需的"自尊"呢？那么你是自尊的，还是不自尊的？

你在买东西的时候有过讨价还价的经历吗？你在工作、学习和生活中，有过付出代价就要有等值或者超值收获的衡量吗？

为什么在同样的起跑线上，有的人年纪轻轻就颇有建树，而有的人却一把年纪了还毫无成就？

为什么同样的条件、同样的环境、同样的付出，结果却不一样？好比在学校读书，条件是一样的，学费是一样的，老师是一样的，课程是一样的，天分也差不多，结果却迥然不同呢？为什么同样是参加培训，有的人满载而归，而有的人则收获甚少？

当然，原因可能有很多，但是其中有一个重要的原因，就是每个人珍惜代价的程度不一样。这就是本章所说的代价论。而怎样建立正确的代价观，让我们以"代价论"展开讨论。

1. 代价付出了，你换回了多少收获

人们经常说，没有付出，就没有收获。那么，付出了就一定有收获吗？也未必。有很多时候，人们为了收获而付出，可付出了却没有拿到应得的收获，而且还是出于自己的原因。

人生在世需要付出很多代价，包括但不限于时间、精力、感情、物质等。如果花了2000元买一件连衣裙，2000元即为"代价"，连衣裙即为"收获"。第一种人付了2000元拿走了整件连衣裙；第二种人剪了两个袖子拿回去；第三种人付完钱啥也没拿就走了；第四种人付完钱啥也没拿还跟人吵了一架，花钱买不痛快；第五种人付完钱拿走整件衣服，还跟老板交了朋友，获得了胸针、帽子等赠品。你会是第几种人呢？当然，这只是个比喻，借以明确代价与收获之间的常见形态。如果将不同的人生比作不同的人参加相同一次商业课程，我们也可以形象地比较出付出与回报的关系。大家都花一样的学费，到某一个外地城市去听一堂为期3天的商业课程，听到的课程一样，所用的时间一样，但是收获的结果会一样吗？肯定不一样。

我们把交通、餐饮、住宿、培训等费用，加上精力代价、时间成本等，还有因此无法陪伴家人、客户……我们把这些代价的总和称为综合代价。

在这3天里听懂了所有课程内容，这是第一种人。

然而，有的人上课玩手机，还要发呆，偶尔还要逃课、睡觉、迟到或者早退。你不能说他什么都没学到，他也听了一些，这是第二种人。

有的人同样付出了综合代价，只在课堂上发了3天呆，心不在焉，因此什么收获也没有，相当于空手而归，这是第三种人。

3天课程一无所获，还惹出些麻烦来，这是第四种人。

那还有第五种人，听懂了所有的内容，获得了许多启发和灵感，并且跟老师与其他优秀同学成了好朋友，收到了他们的礼品，最重要的是收获了人脉资源。

我们如果把这3天的综合代价再放大变成5年的综合代价，试想一下5年时间我们肯定会付出更大的综合代价。在这5年时间里无论你有没有进步，5年的代价你都要付出。正如3天的听课之旅，不管你有没有收获，你的代价都已经付出了，3天的光阴也不会为你倒转。

重视代价的人，他会换到更好的结果；而轻视代价的人，累计了3年、5年、10年，人生的差距就会越来越大。我们认为，尊重自己的人，才会认为自己是昂贵的，机会也是昂贵的，自己值得拥有更美好的人生。所以，如果给他成长的机会，特别是改变命运的机会，他会充分利用自己的资源，因为他尊重自己。

有的人，也许可以称为缺少自尊的人，他潜意识里会觉得自己没有美好的未来，所以浪费了很多时间也不觉得可惜。常常浪费时间的人，就是缺乏自尊的人。真正自尊自爱的人不会浪费时间，因为时间等于生命，浪费时间等于慢性自杀。

如果你对待3天是这样的，那么你对待3年或者更多时间恐怕也是这样的。网上说，有些人25岁就"死"了，70岁、80岁才拿去"葬"，也是有异曲同工之妙吧！

2. 不论有无收获，你都在付出时光的代价

如何衡量你是否在进步或者进步多少呢？我们不妨简单地问问自己：5年前，你几岁？那个时候，你的口才如何？谈判能力如何？销售能力如何？领导力如何？手机通信录里能帮得到又愿意帮你的贵人，储备了几个？当时有多少存款？收入如何？当时住在怎样的房子里面？交通工具如何？5年过去了，现在你的住房条件提高了多少？你的交通工具品质提高了多少？你的领导能力提高了多少？成交能力提高了多少？情绪调整能力成长了多少？承受力、坚强度、胆量提高了多少？你名片上的头衔有晋升吗？帮得上你又愿意帮你的贵人多了哪几位呢？……

人生如逆水行舟，不进则退。无论你有没有进步，时代都在进步。无论你是以火箭的速度还是以蜗牛的速度，时代都不会等你，一秒钟都不会停留，不快不慢，不增不减。你可以以火箭的速度进步，或以蜗牛的速度倒退。

你有决定权，你有选择权，怎么使用这些权利也是你的事，满载而归还是一无所获呢？5年是你自己的，怎么规划呢？是"先想好"，还是"以后再说吧"？你如何利用了过去的5年时间，"结果"就是最好的答案，否则再美好的想法也不过是海市蜃楼。

无论你有没有进步，5年都会过去，你到底拿过去的5年换来了一些

什么呢？你可以用证据向自己和身边的人展示答案。证据也很清楚，于生活而言，最基本的就是房子、车子、收入、家庭；于社会而言，常常是贡献、段位、地位；于内在而言，就是你的坚韧程度、学识水平成熟程度、谈判能力、销售能力、领导能力、幸福指数等。

里里外外，于公于私，你拿 5 年换来了一些什么呢？如果什么都没有换来，你不是向世人证明你是廉价的吗？你不是在告诉别人你就这样碌碌无为吗？我们要如何经营自己才能赢得尊重呢？如果不改变，再来 5 年还是蜗牛的速度，5 年以后你能有多厉害，活得能有多精彩……

衣食住行、收入、能力、家庭幸福指数、社会地位，构成了一个平常人的基本活法。如果你有条件、有能力、有机会创造更好的活法，你即将如何重新规划自己的下一个"5 年"呢？人生可悲、可叹、可笑之处在于有些人不知大小轻重。早上吃碗 8 元钱的清汤面，一个人撞了他一下，面条撒了一地。他可能跟人家吵起来，让人家赔。但是很多人浪费了 8 年青春，却常常毫无愧悔！难道他们的青春，连 8 元钱的一碗清汤面都不如？8 年过去了，于内而言，你的境界、学识提高了多少？能力提高了多少？于外而言，提高了多少生活水平？于公而言，你的社会价值、团队价值呈现了多少？于私而言，改善了多少家人的生活呢？那如果什么都没有，就只是老了 8 岁，那不是"白活"吗？

3. 没有代价观的人，会对资源的浪费视而不见

很多服务行业，白天要工作，晚上要开两三个小时的沟通、说明或培训会。这对员工来讲其实是很重要的，但是很多员工却很抵触。为什么我们免费培训员工，他们不仅不感恩，还要烦躁不安呢？

如果我们从长远的角度来分析，其实更得利的是员工。因为公司现在培训员工，员工也不见得会在这个公司工作一辈子。员工离职的时候，公司是留不下他的知识和经验的。但是随着员工的技能变为专业，知识越来越丰富，员工身价必然上涨，获得长远收益的是员工，获得短暂收益的是公司。所以按逻辑来讲，员工感谢都来不及，但是员工很多时候会抱怨："又开会呀，晚上又加班呀？"他想到的是加班，他没有把它看作是免费学习。实际上是在加班吗？难道不是在免费学习吗？因为员工受训，才可以变得更有价值，才会成长！同时，此时员工没有为公司创造价值，但公司却已付出时间成本，付出培训成本。

换言之，投入员工培训成本付出方是公司，而论受益，肯定是员工受益比公司还多。最起码来讲，员工听懂了，对他来说是终身价值；对公司而言，你离开公司，公司又得培养别人。当然，这里作为公司也确实需要反省是否公司日常的培训会质量太差了，又缺乏趣味性，导致员工觉得学不到东西而感到无聊，所以造成员工对公司培训的反感。

好的培训应该具有吸引力，让员工乐意、主动参加。所谓吸引力，就

是内有实力，外有魅力。内有实力，就是"有用"；外有魅力，就是"有趣"。两者结合才会具有吸引力。

"内有实力，外有魅力"，也是领导力的标准。每个领导者，都可以用这8个字检查一下自己的领导力。你作为公司的领袖，你的实力怎么样？你每次跟员工谈话，员工会觉得很佩服吗？你每次开会，员工会觉得你讲得有道理吗？你是精心准备公司全体会议，还是仗着自己是老板或者你手中的权力强压？如果是后者，你就是在用强制力而非实力领导，这样你只是名义上的领袖，而不是真正的领袖。

假如你不去正视这个问题，那你可能永远活在虚幻的世界里。当然，有时候你讲得可能还不错，但是员工也仍然存在不珍惜的现象，这就需要用代价论来解决。没有代价的观念，是人们对资源浪费视而不见的根本原因之一，这是一个非常严肃的话题。

4. 既已付出代价，何不奔向收获

叶俊提倡既已付出代价，就力求产生收获。比如人们出去听一次课，就要勉励自己创造物超所值的结果。每听一次课的收获，都可以超过人们的投资；而且越是听昂贵的课，越是能有机会获得超额的收入。人生总是这样，你的每一次重大收获几乎都是紧跟在重大投入、重大突破后面。

【叶俊的小故事】

2011年10月，当时亚洲著名演说家L先生演讲时推广他的课程光盘。

因为他们投资拍了一个连续剧，其中有台湾歌手 W 演唱的主题曲，还有一些能量 EP，40 元一张。L 老师问大家说："愿意买 2000 张的请举手。"一下就要买 2000 张啊？这恐怕音像店的老板都不敢买这么多，普通人更不敢买了。

这个时候叶俊就很纠结，自己要不要买？因为他心里很明白一件事，他不是在买光盘，而是在结交高手。其实对他而言，什么机会最好？没有人举手，对他最好。这时候自己要举手，是不是显得格外有意义？结果没有人举手，他觉得机会就要来了，可是还在犹豫。但是 L 老师改变了策略，他问谁愿意买 4000 张呢？16 万元！并加送 L 老师亲自到场演讲一次。叶俊识别出那是出手的绝佳机会，同时一看还是没有人举手，他于是当机立断，立即举手投资。

事实上，那个时候，叶俊刚刚买车买房不久，几次活动也亏本，关键是没有太多的现金积蓄，只有几十万元。但是每个月还房贷 1.6 万元，还要带团队，还要养家，而且马上还要扩展公司，很多地方都需要资金。最主要的是，那个时候他事业转型还没有磨合成型。所以他当场交了 1 万元的定金，计划半年后再交付另外 15 万元，那样的话就没太大的资金压力了。

第二天，叶俊就随客户 S 总返回了杭州，L 老师的搭档 Z 女士打电话告诉他，这 16 万元包括购买光盘另加 L 老师两个小时出场演讲。叶俊就觉得 160 万元都值。当时叶俊的几位朋友也在现场，都想阻止他，劝他别冲动，但他力排众议，拿下了那个合作方案，并觉得半年后付清没什么问题。结果第二天 Z 女士通知他当天就要把最后 15 万元付清，如果不能付全款，约定作罢可以退还定金。这打乱了他的计划。不过当时她的一句话让叶俊下定了决心。她说："叶俊，如果你真的决心要跟 L 老师有这次合作，我相信，你瞬间就能找到为你分担的人。"

　　叶俊当时一听，豁然开朗！碰巧，S总认为单次合作不太系统，找叶俊谈年度辅导方案。S总一直对他评价不错，并对他充满信心。S总说："叶老师，我支持你。刚好我也需要你的帮助。"原来贵人就在眼前啊！真的什么都是上天安排好的。如果你不去尝试，没有这个魄力，你就不会跟人家开口；如果你不跟人家开口，就错失了这个机会。S总一次性跟叶俊签了45万元的年度顾问费，走财务流程是来不及当天打款的，S总喊来了在新店帮忙的老将——他的小舅舅。S总的舅舅可是一位精明人，听到这件事就专门跑过来跟叶俊说："叶老师，以前你是最鼓励我的，任何人让我先垫钱都不可能。为你垫钱，我愿意。银行卡号给我吧！"

　　后来L老师果然如约与叶俊合作。那一场合作，光分红就分给叶俊将近30万元，他加倍赚了回来，还获得了跟亚洲各位老师同台演讲的机会。后来他才知道，这个行业里面有另外一个老师，那一天也在场。那位老师也看到了背后的价值，可是那位老师就是没有举手，好像被摁住了一样。他事后跟叶俊相聚，坦言那一刻看到了两人之间的差距。

　　类似这样投资大脑、投资人脉的案例，在你的经历中，肯定也有很多。这个小故事比较有代表性。相信大部分人实现生命的突破都是来自一场全情的投入与之后华丽的收获。这样的循环每进行一次，生命高度便也上了一个台阶。最怕的，就是不肯付出代价，或者无视代价的消逝，比如岁月。

5. 一杯咖啡打翻尚且心疼，何况你的青春

为什么那么多的人在年轻时代，那么放纵自己，千方百计找借口去浪费时间呢？为什么有些年轻的朋友有着聪明的头脑、健康的体魄、充沛的体力、良好的资源，却常常没能经营出有品质的、向上的交际圈，没能在投资大脑方面作出正确的选择？原因是他们误以为那样下去是没问题的。

有些一事无成的失意者，在年轻时他们也曾经跟其他很多人一样意气风发，但是没有设定目标，没有珍惜代价经营自己，所以走着走着，路就越走越窄，最后就沦落到非常窘迫的境地。

为什么会这样？如同钱包被偷的原因是以为不会被偷、人会受苦受穷却以为与蹉跎岁月没关系一样，于是，该读书的时候不读书，该长本事的时候不长本事，不该太把那"两个子儿"当回事时却当回事，该把学到更多"武功"当回事时却没当回事。

该学本事的时候，又斤斤计较，倘若不给额外的加班费，那就这个不学，那个也不学，结果丧失了很多成长的机会，没有使自己变得更优秀，没有使自己变得更值钱。

很多公司都会鼓励员工成长，变得更有价值，成为行业精英，甚至为此主动出钱、出资源、出机会、担风险培训员工。珍惜"代价"的人，懂得背后的价值，如饥似渴地疯狂成长，很快便能从同样的起跑线中脱颖而出，成为公司重点培养对象。内赚智慧，外赚收入。人们往往喜欢在得到

正面回应的事物上追加投入，公司对人才更不例外。可是一个人若持续玩网游、看泡沫剧、泡酒吧、睡懒觉或以其他方式消磨时光，也不愿意使自己变得有价值，还自以为这样做才显得比别人聪明。如此不珍惜代价，代价又岂会奖励这种人呢？很多人，很多时候，就是为了眼前的诱惑，辅以惰性，就放弃未来的长远利益。比如减肥者，为了"未来"着想，必须瘦下来，不应该晚上吃消夜，但是为了满足"当下"的欲望，那就先吃了这一顿再说。成功者常常为未来目标做倒推，由此来做决定，失败者常常让眼前贪念耽误了自己的未来，大人物为未来做决定，小人物为眼前做决定。你是以未来为标准做决定，还是以眼前的标准做选择呢？

有的人正当青春年少，应该练"武功"，攒能力，抓住机会，珍惜代价，却贪图眼前的诱惑与享乐，结果却错过了学习本领最好的时期。可谓积小利而有大损，积小爽而有大苦，以后的人生当然会越来越艰难。

随着年纪一天天变大，琐碎杂事越来越多，记忆力也下降，心更定不下来，所以越来越不能好好学习。就像车开得越快越难刹车，偷懒、拖延、自我原谅的时间越长，惯性也就越强大。一个人太久没有学习，可能就更难好好学习了。

花园两个月不打理，就杂草丛生；大脑两个月不整理思路，就杂念丛生。而杂草会争夺各种资源，让花木受到损害；杂念会争夺我们的时间、精力、体能和机会，让我们人生的主业受到伤害。所以，对于心灵的花园，我们要像园丁打理花园一样经常打理我们的大脑，去粗取精。

摒弃无用的杂念，设定明确的目标，珍惜付出的代价，把时间精力释放出来聚焦于值得的人、事、物上吧！因为我们时时刻刻都在付出代价，而且代价极其昂贵！

篇末寄语

亲爱的读者,打翻一杯咖啡尚且让人心疼,而我们浪费自己的青春就不心疼吗?我们随时随地都在付出代价,而付出代价就应该有所收获。即使后来一无所获,也要我们拼尽全力才会无怨无悔啊!

列几个实用的参考行动:

- 既然工作了,不妨用心做。虽代价一样,收获则必不同。
- 出席聚会,鉴别出有效人脉,主动结交,好好经营。
- 每天自我盘点一次,我用"今天"换回了什么?人脉?成长?健康?财富?……实在觉得"每天"做不到,那至少每周盘点一次。
- 定期评估自己的年龄与收获成就是否匹配?自己是否真的努力了?
- 至少每半年去身边最成功的朋友、同事或同学家"受刺激"一次。
- 砍掉至少90%对你人生目标无益的人脉、聚会甚至占用你精力的"爱好"。

第五章
价值论

任何不曾给对方提供价值的联系，都叫作"打扰"。

——自题

为什么曾经非常要好的朋友，现在却变得很生疏了？

为什么你充满热情地去爱一个人，去追求一个人，甚至付出了很多，可是结果却非你所愿？

为什么有些成交时曾经聊得很好的客户，关系却慢慢地沉寂了下来？为什么你热心地去联系客户，客户却常常反应冷淡？

为什么曾经深爱的情侣，最后却分道扬镳？

……

人际关系的品质几乎决定了我们一生的生命品质。家庭关系的品质决定了我们是否幸福；团队关系的品质决定了我们是否能够高效协作；与新客户的关系品质影响着我们的成交率；与老客户的关系品质决定了我们的转介绍率；陌生人之间的关系品质则决定了这个社会的和谐程度。而到底什么因素决定了人与人之间的关系品质与有效期呢？当然答案有很多，比如真诚、价值观相似等。但我们本章要强调的则是彼此之间持续贡献价值的重要性。毕竟对于很多社会关系而言，长期关系基于长期价值。价值既灭，关系就很容易随之凋零。

1. 凡不带有价值的联系都叫打扰

无论你用电话、微信、短信或见面拜访等方式联系对方,对方都是要花精力应对的。如果对你或你所带来的信息毫无收获,那对方即被"打扰"了。我们的"价值论"主要应用在人际关系方面。凡商业关系、朋友关系、两性关系等,都需要用心经营,其关键是与对方建立有效联结。有长期联结,才能有长期关系。通常,联结会有四种情况:第一种,无联结;第二种,负效联结;第三种,无效联结;第四种,有效联结,这也是我们大力提倡的。

第一种,无联结。

比如,你去家电商城买过一个电冰箱。这个冰箱品牌挺好,服务不错,用得也不错。但是在你买走冰箱的时候,导购员并没有给你留下联系方式。过了几年,你的表弟要结婚了,问你家的冰箱在哪儿买的,你告诉他是在哪个商场买的;他问你找谁买,你说不知道,因为导购员没有给你留下联系方式。结果,你表弟还真去了那家商场,也买了同样的冰箱。

你表弟这个客人是由你转介绍的,当初的那个导购员即使还在那里工作,也很难赚到这笔转介绍的收入。为什么呢?因为 TA 与你之间"无联结"。

到目前为止，绝大部分商场的销售人员，还是没有任何进行长期联结的概念，当然也就谈不到后续转介绍收入。以产品和服务的满意为前提，却得不到转介绍客户的现象，这样当然会造成销售人员收入很难提高。

我们如果有"联结"的概念，在成交后就能够与客户留下联系方式。便有了建立联盟的基本途径，即使只是顾客发朋友圈后点个赞，帮着转发一下靠谱的广告并@给TA，等等，都可以保持在有联结状态。人都愿意听别人赞美，所以当然可以给他适当的点评，以提供情绪价值。总之，可以一直在顾客的朋友圈里出现但并不打扰他，每次冒泡都在加深印象，而人们常常对熟人更信任。

如果冰箱上有点问题需要问一下，顾客还真的可以跟销售员联系，这样两人之间是有联结的。这样的前提下，如果上面表弟的事情重演一遍，你就可以说："我认识一个朋友在那个商场做导购，你可以去直接找他，说不定还能得到优惠呢！"同时可以把这个导购员的联系方式直接给你表弟，你表弟就可以找这个导购员。

而从销售人员角度来看，如果他们服务得不错，以此为基础与客户保持有效联结，就可以得到大量的老客户的转介绍，销售量增加以后当然会得到收益。当更多的客户指定要你服务的时候，自然所有的付出都值得了。

但现实中很多的销售人员还没有与客户产生建立联结的概念，虽然其产品跟服务都很好，也同样因为客户消费完以后与该销售员之间关系迅速冷却，所以这样的销售员是很难大幅度提高收入的。

第二种，负效联结。

所谓负效联结，就是平时不滋养客户关系，即没有提供下面要讲的三大价值——物质价值、情绪价值和基因价值，联系客户时却直接索取价值，常常引起客户的排斥和反感，这样的"联结"，即为"负效联结"。平时无互动，客户关系早已经到冰点，甚至都把你给遗忘了，结果你突然打个电话过去就跟人家说，我们搞活动，我们有新品，你要不要买？或者说，你能不能帮我们介绍客人来？在这种情况下，拒绝率当然是很高的，并且极有可能还会让客户体验下滑。

一个人你没有任何耕耘、灌溉、除草、施肥，就直接想采摘，结果可想而知。这种没有耕耘客户关系，而直接索取的行为，我们称为负效联结。一般来讲，不仅很难得到支持，甚至还会带来负面的效应。

第三种，无效联结。

我们经常收到各种短信，特别是在五一、十一、端午、中秋、春节时间段，有很多祝福与问候，像"我用真诚做馅、热情做叶，包一个端午的粽子，祝你节日快乐"之类的，并没有让人觉得很有创意，也没有幽默感。这样的信息能带给人们什么价值呢？其实没有任何价值，没有价值感，也没有惊喜感。一般人瞄一眼，就丢到一边置之不理了。

所以在我们看来，但凡没有给客户（也包括其他对象）带来任何价值的联系，都叫作打扰。这种联结，就是无效联结。虽然你有心要联结别人，也安排了专人负责此事，也花了一定的成本，但是对方却没有得到任何有价值的东西，所以叫作无效联结。

第四种，有效联结。

有效联结，就是但凡我出现，不管我以任何形式出现在你的世界里，你都会因为我的出现而得到价值，这样的联结就是有效联结。那么这个时候，无论顾客还是别人都会觉得，这个人要么不出现，一出现总是有点用的。这就形成一个概念，只要我出现，对别人就是有好处的、有意义的、有价值的，所以客户关系当然会得到滋养，得到巩固。

比如你买了盆栽种在花园，傍晚收到卖家发给你的信息，写道："晚上0度以下，你买的品种要搬到室内，否则会冻伤甚至冻死。"那么，你收到此条信息是感觉被提醒了还是被打扰了？你会觉得商家很烦还是心存感激呢？像这种有意义、有价值的联系，我们可以称为"有效联结"。在微信中，身体保养篇（因人而异）、汽车养护篇、客户所购产品的养护、个人成长篇、特殊天气篇、行业咨询篇、家庭关系篇、亲子关系篇、两性关系篇等关心客户但又往往不专业的信息，往往不会被拒绝。同时，一般一条资讯应在二三十个字，以一周一次为宜。

2. 有效联结的三大价值途径

那到底哪些方式属于有效联结呢？到底怎样可以做到低成本高效率的有效联结呢？这两个问题在商业运用和人际关系的运用当中，可以说是特别重要，所以非常值得我们高度重视。三大价值，即前文提到的物质价值、情绪价值和基因价值。为了方便理解三大价值的核心含义，我们不妨以两性关系中的男性为例。所谓物质价值，我们用"财"字表示；情绪价值，我们用"爱"字表示；基因价值，则用"帅"字表示。不难看出，一个男人只要三大价值具备任何一条，他便拥有了基本的择偶权。一个男士他若颜值如路人甲，情商一般般，但他是亿万富翁，自然也有择偶权。一个男士如果收入只有工薪水平，幽默、做"暖男"的程度也一般，但是颜值赶上明星，你觉得会不会有白富美的女生愿意倒追他呢？再如一个男士收入普通，颜值也只有路人甲，但超级体贴、超级"暖男"，还很幽默很有趣，与他相处舒服又开心，你觉得他会缺择偶权吗？尤其是被所谓的高富帅刚刚伤害过的女生，怕是更对这款男生趋之若鹜吧！简而言之，三大价值具备其一你都不会无人问津，最怕的是三大价值全军覆没，又丑又穷又凶又无聊，"孤家寡人"的活法就没什么好奇怪的了。两性如是，商场更如是！

所以，所谓物质价值，就是你付出了看得见的、有形的、有价值的实实在在的东西，包括资金、物质、商品等有形的物品和无形但是有价值的服务。简而言之，我提供了货真价实的有价服务、有价物品或资金，即物质价值。

比如说，提升产品品质我卖你东西便宜一点，让你省钱了；我给你打折；你买我的大衣，我额外送你一件衬衣；我送你一个赠品、我私人送你礼品等，这都是商业物质价值的范畴。过年期间走亲访友，我给你拎来两盒茶叶，这两盒茶叶也是物质价值传递。也包括我帮你创造物质价值，比如说我帮你转发商业广告，其中隐含了帮你创造物质价值的可能性，也可以视为提供物质价值的一种方式。再比如你是卖服装的，新款出来了，有一个广告链接，我就帮你转发一下，然后@你，让你看到，你会觉得"别人看到广告避之唯恐不及，这个人还主动帮我转发广告"，那心里是不是给我加分了？肯定是这样的。

因为你为他创造了实现物质价值的可能性，所以这种做法也可以归在物质价值里面。所以，优惠、折扣、公司赠品、员工私人礼品转赠、帮客户转发靠谱的广告、帮客户介绍靠谱的客户、帮他成交，这些都是常见的为对方提供物质价值的商业概念。你如果常常用这种形式去对待你的老客户的话，那你的老客户怎么会对你无视呢？你一出现就是给对方提供价值的，对方当然会心存好感了。

再说情绪价值，即满足对方在情绪上的需求，你可以简要理解为拥有让对方感受很"爽"的能力，也就是我们提供了情绪价值。比如男朋友惹女朋友生气了，但并不严重，可女生也不愿意就这么算了呀！于是男生求原谅时，女生嘟着嘴要求："哼！除非说两句好听的！"男生便持续说好话，哄女朋友开心。女朋友听了笑笑说："这还差不多，好了，走吧，去吃饭吧！"这便是女生索要情绪价值，然后男生提供情绪价值的过程。在商业中服务态度好，流程体验爽，买这个产品有面子，买那个软件很有趣等，都属于客户愿意付出物质价值（资金）购买情绪价值（体验）的范畴。值得注意的是，童年时代，在越富足文明的地区、越优越的家庭条件下长大的消费者，越可能重视情绪价值的满足。人所需要的情绪价值因人而异。比如说，有人比较重视证据，很理性，很谨慎，可能就是比较缺乏安全感的人。这样的人需要的情绪价值，就是给他舒适的、熟悉的感觉，给他保证与承诺，给他安全感与踏实感，这是他最大的情绪需求。

如果你的客户讲话大大咧咧，做事情不拘一格，尤其是童年时代并非在物质匮乏当中长大，也不缺乏安全感，这样的人有可能是差异化、有趣好玩的情绪需求排在第一位，就是要精彩感。对这样的人要满足他的情绪价值，可能就是刺激、精彩、好玩、新鲜感等。

比如说有的人很要面子，给他尊重就最重要。把"赢"的感觉、"重要"的感觉、"尊重"的感觉给到他，给他被崇拜的感觉，那他就很受用。因为程度不同，有的人需要普通的尊重就可以，有的人就需要被非常重视才会满足。所以，我们需要根据不同的人来满足对方尊荣、虚荣、被尊敬的需求。

当然，幽默快乐也是很多人的情绪需求。一般人都不会拒绝幽默，因为幽默代表你很有底气，紧张的人是很难幽默起来的。作为客户，感觉到你的幽默，除非开玩笑过了头或不恰当，只要是恰当的幽默，客户会感觉你是一员"老将"。你过去曾经有大量的客户成交，你生意很好，你很有底气。你对自己的成交能力有把握，你对自己的商品跟服务有把握，所以你才能气定神闲，谈笑风生，这对于优化关系、被客户信任都是加分的。幽默能够带给别人愉悦感和安全感，所以这也是提供情绪价值常用的策略。

还有亲切感、爱、温暖，照顾得很细心，包括给对方喜悦，这些都能够提供情绪价值。正常情况下，人们对正常情绪的需求，若我们能予以满足，常常能获得物质价值上或其他价值上的回报。

最后来说基因价值。基因价值主要包括几个方面。首先要说到一个常见的词——"美"。什么是"美"呢？我们可以概括为，一切有利于物种繁衍发展进化的现象，都叫作"美"。

红色的花为什么格外引人注目？因为它足够鲜艳，在视网膜成像的能力就更强。鲜艳的花跟不鲜艳的花在一起争夺繁殖的资源，那鲜艳的就更容易引起关注，更有可能争夺到繁殖资源的机会，不鲜艳的可能就会败下阵来。

有的人可能会说，那茉莉花也不鲜艳呀；寒雪当中的白梅花跟雪搭在一起，都难以分辨出来；栀子花纯白素雅，那也不鲜艳呀；但是王安石说："墙角数枝梅，凌寒独自开。遥知不是雪，为有暗香来。"你会发现，很多鲜花如果不是很鲜艳，它往往香味很浓。一般来讲，很鲜艳的花，香味又很浓的，好像不多见。你看玫瑰很红，但是并不怎么芬芳；百合很素雅，却芬芳馥郁；桂花只在树叶里面藏了一点点，更谈不上鲜艳，却香气扑鼻。也就是说，有的花要么视觉上很美，要么嗅觉上很美，这些美的现象是有助于它们发展的。而蒲公英既不是鲜艳的，也不是香的，但是它会飞，轻盈的样子非常美，这个"特异功能"就是它的看家本领。

人类也一样，为什么身材高挑匀称的女人我们称为美女，高大健壮的男人我们称为美男呀？因为这样的身材意味着年轻，有好的生育价值，就是有好的基因价值。强壮、生命力旺盛，意味着自我保护的能力强，基因很好。跟这样的人结合，下一代身高、强壮程度一般也不会差，有助于物种的繁衍、进化、优化。

同样，为什么男性常常喜欢女性前凸后翘呢？因为在人类进化过程中，漫长的史前没有年龄概念，男性总结出来前凸后翘意味着年轻，年轻就意味着生育价值高，意味着好的生育基因、生育资源。

一般十八九岁、二十来岁生孩子的女性，顺产率相较于高龄产妇高，生产以后大部分身材恢复得好。越晚生，身材越容易走样，因生育导致的各类疾病的可能性就会越高。这其实是"上天"给人类适时生育繁衍的奖励，适时生育的女人往往身材恢复得跟少女一样，这样才更容易留住美丽。

不管是人类、动物、植物，都追求好的生育基因。为什么孔雀要开屏？那是在向雌性证明自身的强壮、美丽、健康等优秀基因价值，提高雄性竞争能力，以提升求偶成功概率。较高的基因价值展示让它具有了优势，获得优先交配权。在交配完以后，如果发生天灾人祸，即使个体死亡了，但它的后代也会传下去，它的基因就不会断代。如果孔雀长得不够美，也开不了屏，就会导致雄性竞争失败，很显然，那并不利于物种繁衍。

如果是两只鸡在争斗，大多是公鸡在争夺地盘，因为它要争夺优先交配权。孔武有力代表强壮，鸡冠尤其是鸡尾巴很漂亮，都是在利用它的优质生育基因来获得优先交配权。

如果一个人和基因价值差的异性结合，那么从进化论的角度来讲，他的后代基因可能就会弱化。比如跟颜值很低或身体很差的人结合，生下颜值很低或身体很差的后代的概率就很大，孩子的择偶权或者优先择偶权就被剥夺、被削弱了。择偶权被削弱以后，可能会没有配偶，而无偶就会断代。尽管我们不是生育的机器,但是上天有"好生之德",任何一个物种都需要生育繁衍,才能持续下去。进化历史告诉我们:你找到好的基因价值,更容易让你的后代有好的生命、命运与健康。所以从这个角度讲,"爱美之心,人皆有之"就狭隘了,真相是:"爱美之心,物种皆有之。"因而我们的外在形象更好,获得异性支持、商业支持的概率就会更高,这是"天道"。

通俗来说,基因价值包括年轻、健康、美丽、帅气,这几个是最典型的方面。

那么,衍生到当今的商业文明,我们如何在家庭、生活、社交、工作和销售当中,提升基因价值、运用基因价值呢?我们当然需要思考这个问题。

产品与服务也存在与物质、情绪和基因三种价值类似的呈现。一个产品很实用,就是物质价值;产品设计美观、包装好看,就是产品的"基因价值";你跟客户接触的过程当中,让客户很开心、很舒服,是给客户提供了情绪价值;而你自己本人好看,是你自己有基因价值。

如果一个产品很好用,就是提供了物质价值;这个产品很有趣,这个产品又很好玩,就是提供了情绪价值。所以说,产品设计和商业模式很有意思也能够满足情绪价值。再比如你下载一款游戏,如果两个月免费,这是游戏送给你的物质价值;而玩这个游戏玩得很上瘾很开心,则满足了你的情绪价值……

3. 基因价值的魅力及重要性

一般人都没有重视基因价值，但是基因价值到底有多大的魅力和重要性呢？我们又该如何运用呢？

【案例直击】

曾经有一位女明星，在某著名直播平台上直播了一段二十几分钟的吹头发和化妆的视频，偶尔也跟观众互动一下，竟然有400多万人观看。我们假设这400多万人，为了跟她产生联结，每个人给她花1元钱买代币，那就是400多万元。她凭什么二十几分钟就可以获得400多万元的收益？她给观众们提供物质价值了吗？比如说你们给我点赞，我给你们每人送一台吹风机？没有。有没有提供情绪价值呢？比如像德云社那样给大家讲很多的幽默段子而带来快乐。也许有，但不多。那么，她到底提供什么价值了呢？其实，主要就是展示了基因价值，就是让人们看到她的美，因为美就有人爱看，这就是基因价值吸引到物质价值的典型案例。

某刘姓女明星在粉丝见面会的时候，有个男粉丝没控制住自己，上去就把她扑倒了。那么，这个男粉丝没有理性吗？我们相信他应该是有理性的。为什么他又丧失理性了呢？实际上，就是刘姓女明星的基因价值太强了——年轻、美丽、性感、漂亮，所以那位男粉丝的基因本能的力量冲破了理性枷锁，做出了贻笑大方害人害己的不妥举动。所谓"兽性"，大概也是基因本能冲破道德理性的行为吧！

人们常说，爱美之心，人皆有之。其实爱美之心，物种皆有之。从生物进化的本能来讲，雄性一看到雌性的优秀基因，就很想靠拢。优秀基因就像磁铁一样，一下子就把铁屑吸过去了。在吸引的初期，那个男粉丝肯定纠结：从法律、道德的层面，我不应该冲上去，让人把视频传网上怎么办？那么他为什么最后无法克制自己的冲动，会孤注一掷呢？我们戏称他被优质基因价值吸引了。他的基因的本能冲动，突破了他后天的法律和道德、理性层面的屏障，致使他不顾一切地扑了上去，这就是基因价值的魅力及力量。

同样两个人在卖珠宝，在同等条件下，比如场所一样，品牌一样，价格一样，服务一样，那么你更愿意选择找颜值高一些还是颜值低一些的店员去买呢？恐怕一般人都会选择找颜值高一些的店员去买，这就是人之常情。美女卖豆腐，结果很多人都来特意买往往称为"豆腐西施"的豆腐。美女做的豆腐一定就最好吃吗？恐怕未必。豆腐好吃只是物质价值的一面，而那么多人来买"豆腐西施"的豆腐为的是看美女而已，群基因价值在销售当中也是不容忽视的。

我们当然不鼓励只顾提供基因价值，而不顾产品物质价值的营销做法。我们提倡三大价值要并驾齐驱，尤其是在很多人忽略基因价值在商业中的重要地位之时，我们可以重视起来。

为什么有的公司招聘员工要求颜值高一点？这其实是有讲究的。比如做业务的，无论男性女性，即使是看微信头像，只要是清清爽爽的、颜值高的一个阳光帅哥、美女，我们加微信通过的概率就会高一些。其他情况相同的情况下，基因价值高的人做销售，成交的可能性就大一些。一个人只要长得漂亮，"美"就会变成发言权，你长得美，你说的都对，"颜值即正义"嘛。

无论男性之美还是女性之美，都具有基因价值。年轻、漂亮、帅气、健康、身材好，这几个词语是比较本能的、原始的、对基因价值的衡量。而后天形成的举止、谈吐、才艺、学历、情商等，能优化一个人的基因价值。

既然基因价值如此重要，那么通常可以通过哪些常用办法来提高呢？

第一，通过运动瘦下来，使身材苗条，活力焕发。

第二，穿着打扮时尚得体，干净漂亮。

第三，多读好书，腹有诗书气自华。无论是男人还是女人，多读好书，对你的形象和颜值一定是有帮助的。不是多读泛泛书，而是多读阳光的、专业的好书。

第四，做适合自己的发型，干净、利落、时尚。

第五，靠谱的微整形。比如半永久、线雕、瘦脸针，确实可以快速提高"基因价值"。

第六，两三个月拍一套形象照，时尚、职业、帅气、阳光、精英范儿的，做你的微信头像，背景、场景、服装都是很考究的，能够在商业活动当中起到好的作用。

第七，在朋友圈要晒正面的内容和高颜值图片，这样会增加老客户对你的好感度，提高新客户对你的信赖度，以及跟你成交的可能性。

简而言之，提供基因价值，就是把自己变好看。

因为你把自己变好看了，你就具备优秀基因价值，客人更愿意跟你说话，更愿意跟你长期保持联系。有鉴于此，所以千万不要把自己喂得很胖，头发又脏又乱，也不怎么换发型，也不时尚，衣服也没品位，皮肤又松弛，也不怎么化妆，这些都在降低你的基因价值。当你的基因价值很低的时候，他人嘴上不说，但魅力加分项就没有了！这是一种本能。那样你可能就要说更多的好话，提供更多的情绪价值，提供更多实际上的让利，更耐心的服务,来为被扣分的基因价值买单。当然,我相信那个基因价值被扣分的人绝不会是你!

注意,上面讲到豆腐西施生意好,可没有鼓励你把豆腐做差,只把自己变美。把豆腐做好,把服务态度做好,同时把你的基因价值提高,这才是全方位的价值提高。

4. 每一种关系都需要"价值论"

价值论的核心观念认为:一切不曾提供价值的联系都叫作打扰。无论是亲朋好友的关系,还是社交关系,尤其是陌生的客户关系,概莫能外。

兄弟姐妹或者表兄弟姐妹各自成家以后,每次去别人家,除了吃喝,什么价值都不曾呈现,时间长了,换谁也受不了啊!如果你每次去亲戚家串门,或者给人家带一套好书,或者给人家做的事业提供帮助,或者带几瓶珍藏了多年的好酒,或者帮助人家排解一些家庭困惑,或者给人家提供一些有价值的信息,那么你将继续受到欢迎。也就是说,你至少要给对方提供物质价值、情绪价值或者基因价值中的至少一种,才能使亲情关系历久弥新。别说这样"太现实",反观实际生活,事实又何尝不是如此呢?

血缘关系尚且如此,更何况客户呢?其实,古人早就谙熟了各种交际奥妙,所以才讲"来而不往非礼也",老百姓也说"不能总往一面翻土",都是讲要实现有效联结就要给对方提供价值。

很多人不仅对于基因价值比较陌生,同时可能对情绪价值的提法也不熟悉。虽然过去我们也知道,要给人家面子,人前要捧捧人家,给别人尊重,要哄别人开心。但这只是一个很朴素的观念,没有上升到一个理论的高度。

明白了情绪价值的重要性,大家就可以重视起来,以便更加系统性地、全方位地、有意识地为他人提供情绪价值。当人们情绪价值得到满足的时候,常常是愿意用物质价值买单的。

【案例直击】

我们不妨以奢侈品为例。比如买LV的包包、爱马仕的皮带,好几万元一件商品,完全是因为它的质量好,也就是物质价值高吗?如果纯讲物质价值的话,温州、广州产的2000元的包包,也许使用寿命还比LV、爱马仕、GUCCI要长。事实上,买奢侈品主要是满足了客户的情绪价值。买奢侈品,一方面是因为他的品位,同时也常常是向公众展示自己的社交地位,展示社交价值,就是用这种方式让陌生人一打照面就做出一种直观的社交判断。不仅拿什么包包、用什么香水,也包括使用什么手机、开什么车,都体现着一个人过去的奋斗成果、生活层次、生活品位、生活观念。换言之,在你使用的商品里、你的时尚感里,浓缩了几乎所有过去和现在的信息,这可以瞬间让人产生与之相应的印象和判断。

对于很多人,在某种意义上是自己人格的代言与延伸。极致的奢侈品可以证明"我是重要的""我是优秀的""我是不应被忽视的"。为了显示自己的"重要性",人们愿意花费很多倍的物质代价。这也是物质价值与情绪价值转化在商业中的体现。

来看一个悖论,比如说有人在某地被讹了100元钱,去要回来的话,光打车来回就要200元。从经济学上来讲,要这笔钱显然不合适,因为不划算。但是,很多人就会去做这样的事情,因为咽不下这口气,要"讨个公道"。从物质价值上来讲,他是不划算的,但从情绪价值上来讲,他是合理的。这也是为了满足自身情绪价值而宁可牺牲实际物质价值的案例。我们介绍这样的案例当然不是为了鼓励读者朋友也去赌一时之气，而是帮助大家认识到，为了满足一时的情绪价值而放弃巨大物质价值的现象比比皆是。我们在平时的生产生活中，要从中得到启发。情绪价值在人际交往和商业实践中都是一个非常重要的价值，值得每一个人高度重视。尤其是在谈判、交易时尽可能满足客户的情绪价值将大大提升你的成功率。

基因价值应用当中还有一项，就是帮助客户变美、变健康，即帮助客户提高基因价值。一个人基因价值获得提高以后，他会因此有机会得到更多情绪价值和物质价值。比如帮助女客户变成美女，首先就提高了她的基因价值。因为提高了她的基因价值，那么优秀异性就可能被吸引而来并赞美她，她就获得了情绪价值。此后，马路上的回头率高了，社交场合中可能成为姐妹当中比较漂亮的，当然很有面子，也连带着满足了她的情绪价值需求。

颜值高的人做销售，客户会更青睐，成交也变得容易了，因为他们总会比别人获得更多的机会，这是一个不争的事实。我们当然不会认为颜值是人生中唯一的重点，但是颜值的高低的确可以给人加分、减分。所以，基因价值的提升当然可以帮助人们获得更多的情绪价值与物质价值。

5. "价值论"派生出来的"输赢论"——你到底是要"好的结果"还是"赢的感觉"

很多时候，明明我们说了对的话，可是对方偏偏就是不听，甚至对方宁可自我伤害、自我损失，也不听你的话，更不会成全你所需要的结果或者你想要的感受。

像这种典型的情况就是"明知你对，我就是不听"，很多时候其实就是过去情绪价值的积累不好，或者当下对方的情绪价值遭到了破坏。对方为了捍卫自己的情绪价值，而宁可牺牲现实利益。这个在商业的运用当中，特别值得我们注意。我们一定要尽可能把"赢的感觉"给对方。因为人们普遍不喜欢"输给对方"的感觉，你不喜欢，客户也不喜欢。如果一定要有个人当"输家"，你觉得让客户去当，还是你去当比较好呢？

我们想要得到好的结果，成交这个单子，想要赚取这笔利润，就尤其要懂得，成大事者，不能过于贪图情绪价值。如果我们自己贪图情绪价值，霸占对方的情绪价值，那么对方就会离开，甚至诋毁我们，至少不利于成交。所以在这里，我们要问自己一句：在社交生活当中，尤其是在销售当中，你到底是要"好的结果"，还是"赢的感觉"？

要好的结果，就要一切为此做准备、做铺垫。如果一个人过于敏感，过于情绪化，过于爱面子，过于贪图情绪价值，实际上是自己幼稚、不成熟的表现，也是不堪大任的表现，而且很容易为自己招惹祸端。这种案例举不胜举。《赵氏孤儿》中,忠勇的赵家为什么会被奸人灭族呢?大家可以站在三大价值的角度重新解读。不难发现,"赢的感觉"都被赵家占尽了,甚至功高盖主,怎能不惹祸呢?至于像奸人那样主动当"输家"——为主君背锅,以赵氏之刚是做不到的,结果代价之惨烈,想必各位有目共睹!这不是怂恿你学奸人,而是通过案例看清真相,引以为戒。

所以要问自己,你到底是要"好的结果",还是"赢的感觉"?对你来说,结果更重要,还是感觉更重要?如果你自以为创造了"赢的感觉",而丧失了"好的结果",请问你这个"赢的感觉"能够让你爽多久呢?这是真赢还是假赢呢?如果客户都跑光了,你都不能成交,你赢谁了呢?

明朝冯梦龙《广笑府》中有个故事,叫作"父子性刚"。说有一对父子都性格刚烈,从来都不肯让人。一天,父亲留客人饮酒,命儿子入城买酒肉。儿子提着酒肉准备回家,将要出城门,遇到一个人面对面走来,两人不肯相让,横眉立眼,挺着身子面对面地站在那里,僵持了很久。父亲见儿子这么长时间没有回来,就去寻找,看到这种情景,就对儿子说:"你暂且带着酒肉回去招待客人,待为父跟他在这里对站!"故事显然是在讽刺三个人,为了贪图情绪价值,什么都不顾了。尤其是做生意的人,做销售的人,就更不能贪图情绪价值。剥夺对方情绪价值,只让自己爽,这显然是要不得的。

越是不成熟的人,越会贪图情绪价值;越是能成就大事者,越是能够以结果为导向。若能持续创造好结果,那获取情绪价值还会远吗?

贪图情绪价值的人,谈判的时候很容易被别人利用。别人稍微哄他两句,或者将他一军,他为了面子很容易中计而让利,结果对方就拿到了谈判的好处。如果是大宗谈判,一个人什么都是面子当先,情绪当先,而不追求实际效果,他被别人大为利用的时候,可能还觉得自己在谈判中赢了呢!

值得注意的是，并不是每一个人都值得我们去赢，并不是每一个场景都值得我们去赢。有些不太重要的事情，让对方赢去吧！人家还觉得跟你相处、合作挺舒服的，跟你在一起感觉很开心，他们有优越感，很快乐，而你就变得更有人格魅力，高手反而都会集合到你身边来了。

在领导力方面，一个人如果霸占别人的情绪价值，也不利于创业。作为领袖，假如你不能把"赢的感觉"给到有才华的、有锐气的部下，你独自霸占了赢的感觉，有功劳都是老板一个人的，有错误都是员工的，这样岂能吸引人才！

所以在很多时候，有的创业者看起来很优秀、很努力，但是没有人帮他，因为他贪图情绪价值，不懂得推功揽过，不懂得把情绪价值给到身边大将。如果懂得常常把情绪价值给到部下，部下则更愿意对工作用心，甚至额外付出也不计较得失，因为他觉得跟那样的老板工作很开心。

尤其是对于年青的一代，他们大都成长在物质较丰富的年代，是不缺乏安全感的一代，更注重情绪的感受。所以身为领袖或许应该思考，你是否让他们更"爽"了？他们感觉到在你这儿工作"快乐"的时候，可能别人以更高的报酬都挖不走。情绪价值持续得到满足也是企业的重要竞争力之一。物质匮乏年代成长起来的一代，以及现在还匮乏的家庭，往往会更注重物质价值。富足年代长大的人，则更容易在乎情绪价值。比如荣耀、boss 的 Nice、趣味性、差异化，甚至"逼格"等都能提升员工的情绪价值体验。这也是新时代下，情绪价值在领导力上的一个实际应用。

根据儿童心理学与进化心理学的理论，当今中国大多数青少年，因为成长在物质价值较丰富的年代，所以情绪价值比物质价值变得更稀缺，更值得在乎了。管仲说："仓廪实而知礼节，衣食足而知荣辱。"2800 年前尚且如此，何况物质丰富的今天！所以，情绪价值的地位值得重新认识。

总之，在领导力当中，你能提供情绪价值，员工会更开心，更乐意付出，更愿意追随你；在销售当中，你注意提供给客户情绪价值，客户可能在物质价值方面就会给你更好的回应。

在婚姻关系中，你能够给对方提供情绪价值，那么对方会喜欢与你交流，也会使家庭更和谐美满；在亲子关系中，你能够给孩子好的情绪价值的引导，那么你的话孩子就会更乐意听；在社交的时候，能够给亲朋好友和同事提供情绪价值，那么大家都会更喜欢跟你在一起，也会更愿意帮助你。

篇末寄语

亲爱的读者，我们的人生离不开各种各样的人际关系，而每一种人际关系都需要我们精心经营，尤其要提供价值以实现有效联结。那么，审视一下你在人际关系中是否提供了价值？提供了哪些价值？还需要提供哪些价值？这些问题应该成为我们经常的关注点。

几个实用的小建议小思考：

- 关于物质价值，自己打算如何自我提高？
- 关于基因价值的自我修炼，自己即将实施的计划是什么？是调整作息？调整饮食？合理运动？护肤？还是读哪几本书？还是调整优化一下妆容、衣品？还是好好拍几组个人写真形象照用于社交软件头像？
- 关于情绪价值方面如何改善呢？是有意识地赞美、鼓励身边的人，还是从今以后与人交谈时注意说话语气和表情？
- 与任何人联系之前，无论是面谈还是电联，先问问自己：本次联系对方，我即将给对方提供什么价值？若毫无价值，就宁可先不要去"联系"。
- 请相信：长期关系基于长期价值。任何不曾给对方提供价值的联系都叫作"打扰"。

第六章
守弱论

我们 → 我们 → We
　成长　　融合

——自题

为什么力能扛鼎、声名赫赫的大英雄项羽最终会在乌江自刎,而个人能力并"不如"项羽的刘邦会大获成功?

为什么有的人处处表现卓越最终却只能孤军奋战;而有的人处处守弱却越来越左右逢源,成绩斐然?

为什么很多"优秀"的人会被看起来"远远不如自己的人"超越?

为什么很多善良又优秀的女性,一旦过于强势,家庭幸福概率反而会下降?

关于强与弱的关系,2000多年前老子就曾有过发人深省的阐述:

"物壮则老,是谓不道,不道早已";

"强梁者不得其死";

"天下莫柔弱于水,而攻坚强者莫之能胜";

"反者道之动,弱者道之用";

"强大处下,柔弱处上"。

我们所说的"守弱论",就是从老子《道德经》中受到的启发。

一个人"强"与"好强"不同;"能胜"与"好胜"也不同。"强"是一种客观水平状态,而"好强"却是性格表现。

示弱不一定是真弱,逞强也不一定是真强。无数事实都在证明,强者守弱,可以使强者更强;弱者守弱,可以由弱变强。这也是柔弱处事的道理之所在。

1. "守弱论"是献给什么人的

一次，孔子带弟子到老子那里去求教，老子正闭目养神。孔子恭恭敬敬立在一旁。老子听到响动，抬起眼望了望，孔子赶忙说："弟子孔丘特来候教。"半晌，老子张开嘴，用手指着自己的嘴问："你看我的牙怎么样？"孔子说："已经全掉了。"又问："我的舌头怎么样？"孔子说："还好。"说完老子合上眼皮，继续静养。孔子马上率领弟子辞退。弟子们问老师："你不是来求教的吗？怎么还没有请教就回家呢？"孔子摇头解释道："老子不是已经给了我教诲了吗？你们看，老子指出：牙齿是强硬的，却是脆弱的；舌头是柔软的，却是刚强的。对老子来讲，看来强硬的牙齿，却敌不过柔软的舌头。老子把刚柔、强弱的关系讲得多么深刻呀！"

故事已经告诉我们，"守弱论"是给渴望求得好结果的人，尤其是长期以刚直为荣者的提醒。

以企业老板为例。因为老板个人能力很强，所以一般对于"我"这个执念都很重，总是强调"我"，"们"这个字就被弱化了。而一个人从小老板到大老板的成长，就是由"我"成长到了"我们"。一个人幼稚，就是大"我"小"们"；一个人成熟，则往往是小"我"而大"们"。"我"字很大的人大多停留在小老板级别，哪怕做了很多年，兢兢业业，很努力勤奋，但是终究做不大。

"我们"弱化了"我"的功能，强调了"们"的价值。强调"们"依靠的不仅是作为领袖的"我"有本事，还有两个方面：人才，就是靠领导力、吸引力打造好人才队伍，强大自己的左膀右臂，建立起核心圈；重机制、模式、流程，而轻领袖个人色彩，用机制、模式、流程这三个要素来把事业做得更好。

弱化"我"字的功能，不是说我不用负责任了，也不是说我不用努力了，而是说突破了自我，不再执着于自我表现欲，小我的意识降低了，不贪图自我的名利，而是由外在的人和机制来运作出最终的结果。

不仅经营企业是如此，经营感情、婚姻、家庭也是如此。

【参考小故事】

老师有一位女性朋友，人长得很漂亮，性格比较强势，经常过得不太快乐。

有一次，她来找老师诉苦，当然也可以说是来求教。她抱怨说："我为这个家付出了一切，可是我的老公越来越不爱我，我们好像快要过不下去了。如果不是看在孩子的分上，我们真的已经离婚十次八次了。"

当老师回应她的问题是太刚强时，她说："哪个女人喜欢刚强？还不是因为他太弱啊？再说了，我变强了又有什么错？不好吗？！"

老师答："强是一种客观状态，强没错，但好强、强势，就另当别论了。天性柔弱的女子尚且不喜欢身边人强势地压迫自己，何况一个生性阳刚的大男人，被自己的伴侣强势压制，要他有幸福感，确实是不容易的。很多时候，女性太强硬地提要求，往往还没轻松撒个娇更有效呢！"

她说："撒娇，不会。"

这时，她的苹果手机掉地上了，赶紧捡起来看有没有摔坏。

老师就问她："手机摔坏没有？"

她说:"没有。"

老师接着问她:"为什么没有摔坏?"

她说:"因为有一个手机套。"

于是,老师跟她借手机看。并且顺手褪下了她的手机套。这时,老师做了一个动作,要把手机套顺着敞开的窗子扔出去。

那一下,她立马着急了:"你为什么要扔我的手机套?"

老师借题发挥说:"你看,这个手机套这么软,留着它有什么用?干脆扔掉算了。"

她说:"不要扔,我还用它保护手机呢!"

老师说:"这么软的套,怎么保护手机啊?"

她说:"套不软,怎么保护手机啊?"

这个时候,她一下子怔住了,也明白了老师在借喻启发自己。

最后,老师总结说:"没错,软的套能够保护硬的手机,柔弱胜刚强嘛。所以说,懂得守弱的女人更能激发男性的雄心壮志,更能吸引到伴侣的疼爱,更能经营好感情和婚姻。能'守弱'的女人,是有大智慧的女人。"

真的,如果一个人自己的心念转不过来,他就像一把蘸上黑涂料的刷子,白色的纸会给刷出来黑色,红色的纸会给刷出来黑色,绿色的纸会给刷出来黑色,所有颜色的纸都会给刷出来黑色。因为 TA 是一把黑刷子,刷出来当然就只能是黑色。一个人如果处事模式不变,到哪里人际关系的结果都一样。人人如此,概莫能外。

2. "我是最棒的" PK "我不是最棒的"

我们不妨拿两个历史上的经典人物——刘邦和项羽做对比。刘邦是泗水亭长,不学无术;项羽是项梁的侄子,楚国大将项燕的后裔,享有贵族之精神、贵族之传承、贵族之教育。

我们可以具体地来看一下,如果两个人进行单项 PK,是什么结果。

项羽跟刘邦两个人,谁更高大?当然是项羽。

项羽跟刘邦两个人,谁武功更好?当然是项羽。

项羽跟刘邦两个人,谁力气更大?当然是项羽。

项羽跟刘邦两个人,谁熟读兵法?当然是项羽。

项羽跟刘邦两个人,谁是将门世家?当然是项羽。

项羽跟刘邦两个人,谁作战勇敢?当然是项羽。

项羽跟刘邦两个人,谁是战神?当然是项羽。

最后,项羽跟刘邦两个人,谁输了?当然也是项羽。

为什么刘邦许多项目都比不过项羽,最后却赢了呢?刘邦赢在哪里呢?

刘邦主要赢在两点上。第一个赢在优秀的领导力。刘邦曾经跟韩信讨论各位将领的才能,韩信认为他们各有高下。刘邦问道:"像我自己,能带多少士兵?"韩信说:"陛下不过能带十万人。"刘邦说:"那对你来说呢?"韩信回答:"像我,越多越好。"刘邦笑道:"既然你如此厉害,那你为什么听我调遣呢？"韩信说："陛下不善于带兵，但善于统率将领。"也就是说，刘邦最厉害的是领导力，可以统领一帮将军跟随自己。

这位韩信，原先投奔了项羽，但因为项羽仗着自己的才干唯我独尊，根本不把别人放在眼里。韩信自己即便有本事，在这样的领导跟前也会被边缘化，根本不可能获得归属感和安全感，更不要说获得倚重的机会了。越是高手，越喜欢自己"被重视"的感觉，于是，后来韩信投靠了刘邦。

在像项羽这样"我"字过大的领导人身边，别人不可能有什么用武之地，既不大可能建功立业，也不太容易获得名声荣耀，因为这些都被领导人自己给霸占了。也就是说，当"我"字过大的时候，对"们"字就排斥了。"们"字当中的什么人会留下来呢？那些比较弱的会留下来，那样的人对荣誉没什么需求，对功劳没什么需求，巴不得什么都领导包干，自己能混过就好。所以，"我"字过大的领袖，往往吸引过来和留下来的是不走心的部下居多。那么这样的"老大"，常常要为部下"打工"，当然会活得很累，而且他是 A 角色，部下是 C 角色，中间没有 B 角色，没有核心圈，缺乏优秀的人才来协调，与下属沟通协作也容易出现断层。

刘邦自己曾说："吾之所以能有今天，得益于三个人。运筹帷幄之中，决胜千里之外，吾不如张良；镇守国家，安抚百姓，不断供给军粮，吾不如萧何；率百万之众，战必胜，攻必取，吾不如韩信。三位皆人杰，吾能用之，此吾所以取天下者也。"刘邦敢于承认自己某方面不如别人，但结果却是能用得好他们。承认"我不是最棒的""我们才是最棒的"，这是刘邦的第二个核心优势。他不会自以为是，什么事情都靠自己。他在使用人才的时候，其实也把"重要性"给到对方了，把尊重给到对方了，把信任给到对方了。一个人被信任，就会更趋核心化，会激发对方更忠诚，更努力向上，去打造好结果。

刘邦在自己个人表现欲上的守弱，使他的领导力、团队综合实力更强，这是个辩证的关系。领导人以发现人才为乐趣，以用好人才为目标，就不会有与人才一比高下和"与民争利"的心，就会发自内心欣赏人才，那人才就会觉得自己终于跟对了人，会感觉到如鱼得水，找到了建功立业实现人生价值的机会。同时，由信任可以变知己，有道是"女为悦己者容，士为知己者死"！人才都渴求这样的感觉，项羽给不了这种感觉，而刘邦能给。

正因为刘邦是小"我"而大"们"，项羽是大"我"而小"们"，"我们"的作用就对比出来了。从个人能力来讲，项羽强得太多；从团队的整体性来讲，项羽对人才就有了排斥性。而刘邦个人的"本事"和"重要性"的占有欲比较弱，对人才反而有了吸引力。所以刘邦小"我"而大"们"，团队力量则更强；项羽大"我"而小"们"，团队力量就被弱化。看最后总的结果，项羽团队败给刘邦团队也就没那么奇怪了。

从性格上来讲，如果像项羽那样以"我"为大，则会刚愎自用，会输不起、败不起，因为把"我"看得太重了。太看重"我"的输赢、"我"的感受、"我"的荣耀、"我"的口碑，就会执念太深，禁不起失败的打击。而刘邦动不动打败仗，遇到了很多挫折，但是他是以"我"为小，性格弹性就比较好，柔韧度也比较强，承受力也更强。

刘邦守弱，项羽逞强，过刚则易折，柔弱胜刚强。突出垓下之围后项羽本来可以过乌江，但因"无颜"见江东父老而自刎，他还是把自己看得太重了。后来杜牧写道："胜败兵家事不期，包羞忍耻是男儿。江东子弟多才俊，卷土重来未可知。"如果项羽当初能够包羞忍耻，也许历史真的会被改写。

好逞强的人，不仅不利于合作，也不利于创造好的结果，而且难有退路。好逞强的人情绪应变能力往往较差，处理失败的能力当然就很差。而守弱的人，处理危机、处理逆境的能力会更强，赢的机会与次数会更多。

高手不仅要学会如何创造"成功",更要掌握如何处理"失败"。这就需要学会"守弱",方能蓄势待发、卷土重来。

3. 为什么总听说"强将手下无弱兵",而现实中常见的却是"强将手下多弱兵"

强将手下多弱兵,其表现大致有三点:第一,不容易吸引到高手;第二,不容易留住高手;第三,不容易用好高手。

我们曾经讲过情绪价值,其实人人都需要情绪价值。如果一个人自我执念太深,就容易贪功利、贪荣耀,当然不易想到别人也需要这些。自我执念太深,仗着自己有能力,也不肯分工和分功于他人。而越是有才干的人往往越自视甚高,期望甚高,也需要功名利禄。人们往往不喜欢这种感觉,只要我跟你在一起,我就什么都不是。若老板、领袖、主管把光环都自己霸占去了,不肯与人分享,则难吸引到优秀的人才加入团队,来了的也很难容得下,最终导致自己成为孤家寡人,只能像独狼一般奋斗了。

老子讲"柔弱胜刚强",就是教人懂得示弱,君子以守弱为本,最终以弱胜强。那么,为什么有的人一定要逞强呢?因为他安全感匮乏,逞强其实也是一种自我保护。而缺乏安全感的人很容易对别人产生过强的控制欲。过强的控制欲会导致对人才的排斥,使人才的发挥能力与才华的空间被压缩。人才被人控制,自然不会舒服,做出成绩也是领导的,跟自己没什么关系,所以也就缺乏展现才华、建功立业的积极性。

如果贪图安全感的自我满足,事无巨细都自己来,就会陷入小细节当中，习惯一个小角色的格局，最终难免变成井底之蛙。这样，就很难从具体事务中解脱出来，很难从宏观的视角，从行业的高度看问题，也很难脱身出来学习，无法到外地考察优秀同行，而且越是窝在小事情里出不来，越是惯性地形成恶性循环。

这样的人往往会被蒙蔽，创业开始发展有可能会比较快，因为事无巨细都自己做，准确率高，效率高，损耗率低，成本低。客户自己接待的，成交率高；客户自己服务的，满意度高；客户自己维护的，转介绍率高。但是任何事都以自己执行或参与为主，待遇高的人才不舍得请，成本肯定很低……但要是再往大发展，可就难了。

这个时候，如果有人劝他说："你不要单靠自己，要提高领导力，要提前布局，要有好的模式，要靠标准化、自动化，否则你会脱不开身，事业做不大。你要储备人才了，不然做大了以后没有左膀右臂，你总有一天忙不过来，要崩盘的呀！"他不会听。一是因为他的安全感不够，二是自认为他的事业正风生水起，非常成功。人在"顺境"中往往是更难听劝的。

这样的情况时间一久，有大才华、大抱负的人会离开。而因为老板喜欢按部就班的下属，不喜欢独立思考的人，所以那些甘愿做"跟随者"的人会留下，独当一面的人才会离开。一群独当一面的人才能形成领导层，但是领导层被他排斥掉了，也无法吸引新的进来。所以，这个时候就会发现，没有左膀右臂了，临时教也不容易教会，只有一群跟随者、操作者——执行层。

因为业务量扩大了，琐碎事变多了，客户变多了，员工变多了，流程变复杂了，还用以前大"我"而小"们"的做法，当然完全驾驭不了了。这时候他才发现，自己也罢，夫妻两个也罢，加班到晚上10点都忙不过来，天天熬夜都摆不平。最后，要么陷入瓶颈，要么崩盘。

一个常见现象就是，领导人长期不懂得守弱，而只知道逞强，人格魅力也会随之下降，这是铁律。人格魅力下降，自然导致领导力下降，整个团队的业绩变差。这样的领导人越是心力交瘁地去做，越是容易输给对手，因为不能发挥团队的力量。结果越不好，他就越恐慌、焦虑、不安，就越脆弱、敏感，越容易恼羞成怒，以至于形成恶性循环。如此一来，他就越没有可能冷静地去思考现在与未来，更容易陷入自我封闭、闭门造车的状态。直到有一天，可能身体跟事业同时崩溃。这是典型的不懂得守弱，只知逞强，不懂得用好"们"，而执着于"我"带来的悲惨结局。靠"我"成功，即使成功了也很难具备可持续性、复制性，也是不具备资本价值的。何况所有的重要度和风险都集中在自己身上，连休假、退休，甚至连生病的权利都没有。最后发现自己不是在创业，而是给自己找了一份"量很大的工作"而已，而那"工作"，甚至像个"牢笼"。

4. 用好人才，而不是与人才比才

关于用才，我们也简单总结为四个字，叫作"用好就行"。也就是说，领导人千万不要为了自己爽，凌驾于人才之上去找感觉。领导人只要用好人家的才华，帮助处理好某一个方面的工作即可。可是有的领导人却走偏了，偏偏喜欢到员工头上找优越感；有的喜欢去贬低人家的资历，可能要显得自己了不起；有的人喜欢跟部下PK，想赢过对方，感觉这样很爽。这无疑都是很幼稚的表现。

在中小企业当中，这种现象的确是比较常见的。比如说，大家知道，彼得·德鲁克乃是世界级的管理学大师，而有的人却喜欢贬低这位大师，说他没有在大公司就职过，他的管理学怎么能够靠得住呢？那么我们不妨问一句：被人称为"卧龙先生"的诸葛亮，出山之前打过多少次仗呢？没有实战经验又怎么可以指挥战斗呢？事实是，彼得·德鲁克的管理学非常了不起，诸葛亮的战斗指挥能力更是出神入化。有道是，皇帝的老师不一定当过皇帝，太子的老师不一定当过太子，但是他们照样可以教育好皇帝与太子。

领导人是用才，而不是贬低人才，也不是跟人才比才。所以，刘备需要跟诸葛亮比智慧吗？不需要，用好就行。刘备需要跟关羽、张飞、赵云、马超、黄忠比武功吗？不需要，用好就行。

谈到用人才，是用好他的强项就行。有的领导不是把重点放在用好下属的才干上，而是把重点放在挑下属的缺点上，甚至一个无关紧要的缺点也不放过，非得把员工变成"完人"不可。逞强的人眼里揉不得沙子，抓住一切机会打压别人，搞得人家不自在，以让自己显得很重要，这样的心态，又岂能得强者襄助呢？

【案例直击】

萧何拜见刘邦，刘邦很识货，马上就对萧何委以重任，而且言听计从。萧何就抓住机会推荐韩信说："韩信具有杰出的军事才能，不是普通的人才。您若甘愿做一辈子汉中王便罢，如要夺取天下，非重用此人不可。"刘邦因此拜韩信为大将军。韩信觉得终于跟对人了，所以充分发挥了自己的军事才能，为刘邦统一天下、建立汉朝立下了赫赫战功。

陈平来投奔刘邦，经人引荐，刘邦接见了他，并且聊得十分投机，当下就封他为都尉，并留作参乘。于是陈平全心全意地辅佐刘邦，献计无数，虽然经常是剑走偏锋，但是屡屡收到奇效。虽然他"少德"、世俗、功利，但其短板却没有产生明显的负面影响，说明刘邦用人之精通："用人之长，避人之短。"

从用陈平的经历可以看出，刘邦用人唯才是举，最高的原则就是"于胜负有益"。他既能用德才兼备近乎圣人的张良，在需要的时候会毫不犹豫地起用他讨厌的儒生，也会大大方方封赏背叛过他的仇人。刘邦还任用过被称为高阳酒徒的郦食其做说客，郦食其仅凭三寸不烂之舌便取得了齐国七十余座城池，为汉朝的建立立下了汗马功劳。

另外，从某种程度上来说，重视员工道德建设当然是对的，但过分依赖他人的"道德"则会有隐患。你越挑剔员工的道德水准，代表你越可能缺乏契约精神，越缺乏法治精神。因为你越注重人家的"道德修养"，你就越依赖于人家的自觉。也就是说，你懒得制定规则，起码你不善于制定规则，所以要依靠员工的道德自觉。如果你过度依赖于员工道德自觉的话，那就需要道德修养很高的人才能做你的员工，这显然不会增加你招聘与培训的难度。

所以，我们没有必要对员工的道德水准过于苛刻，能够有大众基本道德修养、能胜任工作就好。你完全可以通过制度来约束员工行为。

《群书治要》记载了唐太宗李世民的一句话："见人之长，如己之有。"发现别人的长处，开心得跟自己有这个长处一样。这就是典型的守弱心态，是欣赏别人的心态，而不是打压别人的心态。拙劣的领导人"见人之长，立即嫉妒"；卓越的领袖才能"见人之长，如己有之"。

守弱跟逞强的对比，一个处处守弱却最终顺理成章地步入成功，一个处处逞强却最终无可奈何地走向失败。如此悬殊之对比，那么智慧的你，面对未来的路，你更愿意走哪一条呢？

5. 我不是最棒的，我们才是最棒的

如果老大要逞强，别人敢不敢跟他争？举例说，这个订单稍微有点成交难度，老板说我来，那员工就退缩了。这样一来，老板越销售越有经验，个人能力越来越强。个人能力越强，越容易不自觉地看不起别人。新人越是得不到锻炼，能力就越是不能提高。老板害怕单子流失，每一次都只好自己上，因为只有自己最"专业"啊！

这样一来，他能不忙吗？能不辛苦吗？能有时间娱乐吗？能有时间经常去做美容健身吗？能有时间去跨国旅游、购物吗？能有时间陪伴孩子陪伴家人吗？

一个人的时间花在哪里，成就就在哪里。一个领袖整天与部下争着做具体工作，那么宏观方向谁来把握呢？大方向如果出错，这些小细节又怎么为公司赢回大局呢？如果领袖能抓大放小，既能腾出时间做更重要的事，又能给新人试错、成长的机会，何乐而不为呢？

其实，"我没有那么重要，别人也没那么不重要"。真能领会这句话的人，既轻松又快乐，反而成就还会更大。因为你一旦这样看问题，"我"就会变成"我们"，"我们"当然比自己一个人更有战斗力了。

"守弱论"认为："我没那么厉害，别人也没有那么不厉害。"这句话表面上听起来有点沮丧，但这是卓越领袖应有的观念。所以你可以告诉自己："我"没那么厉害，更不是全能的；我团队的那些年轻人没有那么差

劲，因为他们代表着时代，创造着未来。

你能这么想，就会发自内心地用好他们，信任他们，欣赏他们，这样团队才会真正强大。你会发现他们每个人都各自有优秀的特质，甚至都"身怀绝技"！皮格马利翁效应告诉我们，人们往往会活出对方心目中的自己。你越是欣赏你的团队，你团队的表现就越会值得你欣赏。当领袖越能守弱，就越能发现身边人的才干。反之，越是自视甚高地逞强，就越容易把焦点放在挑身边人的刺上，那样的话，看谁都满是缺点，又怎能用好那些人才呢？

稍微注意一下就会发现，有很多技术出身的团队往往难以强大，因为都认为"我是最棒的"，别人难以入他的法眼，容易谁都瞧不起，也不允许别人超过自己。那么，任何高手都会觉得，我练一身"武功"不容易，我干吗到你跟前受这个气，还被你压制？我如果换个地方，可能拿更高的收入，更受尊敬，何乐而不为呢？

作为一个销售人员，他认为"我是最棒的"，跟认为"我不是最棒的"，哪种心态更能赢得老顾客的支持呢？因为"我不是最棒的"，所以我要拜托父老乡亲帮做转介绍，所以他对顾客更谦卑、更真诚、更热情。因为他守弱，支持者会更多，更容易获得别人的帮助，从而获得的业绩也会更好。注意，"守弱"守的是为人姿态弱，而不是降低自信、才华及专业度。

而持才傲物的人因为觉得"我是最棒的"，能力很强，口才很好，自然会吸引到客户，我都能接待成功，成交率会很高，所以我干吗要看你脸色，我又不是那种新来的菜鸟，干吗要拜托你，你爱介绍不介绍，我才不求你呢！既然不求人，自然不容易获得别人的帮助，从而也会影响到业绩。这就是为什么很多新人业绩反而超过老手的一个重要原因。

所以，守弱者会更成功，逞强者就会影响到结果。

当然，我们并不一概反对表现强的一面。那么，哪些人要说"我是最棒的"？

其一，当一个人遭受打击了，他自我否定严重，已经陷入自卑泥潭的时候，我们可以鼓励他，让他相信"我是最棒的"。

其二，一个人明明有天分，有才能，有才华，可是因为童年经历的原因，或者性格的原因，或者后来遭遇特殊事件，经受打压，导致他误以为自己不行。这样的情况，也应该让他相信"我是最棒的"，帮他重树信心。

其三，对于战斗在一线基层员工的每一个个体，让他们相信"我是最棒的"，更容易让他们相信自己，全力以赴，有信心去战斗，有助于激发个人潜能，增强竞争意识，得到一个好结果。

但是对于自我膨胀、好高骛远的人来说，就不能再让他认为"我是最棒的"了，那是火上浇油。而对于创业者、老板、领导人等所有要用好他人群体力量的人来说，就更不应该有"我是最棒的"观念，而是应该拥有"我们才是最棒的"信念。

当一个人能重视我们的"们"的时候，才能更关注别人的天分、才能、优势，目光里充满对别人的尊敬，给人才机会，通过肯定和鼓励为别人提供情绪价值，而不是挑刺打压、否定别人，以彰显自己，这样才完成了从"我"到"我们"的飞跃。

是的，如果你是领袖，就请告诉自己："我不是最棒的；我没有那么重要，别人也没有那么不重要；我没有那么厉害，别人也没那么差劲。"

给别人彰显才干的机会，身为领袖的你才会更轻松，才会更被爱戴与支持，而事情的结果也会更好，更重要的是，你"轻松"了，团队人才才会更有成长、成功的机会，他们反而更开心，更感激并更容易继续支持你。

第六章 守弱论

篇末寄语

亲爱的读者朋友,人们常说最大的敌人就是我们自己。而事实上,对大多数人来说,征服自己可是天底下最难的事情,没有之一。有道是:英雄可以征服天下,而不能征服自己;圣人只想征服自己,最后天下不征而服。从一定意义上说,守弱论就是在实践圣人的教诲!

几个实用的小建议:

- 把焦点放在身边人的强项上,而非弱项上。
- 不与人才争高下,而是告诫自己"用好就行"。
- 领袖的任务之一是识别人才,放对岗位。
- 我们的重点是人尽其才,而不是要求每个员工都成为"完美的人"。
- 遇事要多问身边人才的意见,满足对方"我是很重要的"感觉。
- 推功揽过。
- 对基层,标准化要求;对高层,"引胜于教"。

第七章
名非论

事物是发展的,运动的,变化的。

——马克思主义哲学原理

为什么已成交并收完款的客户"好端端的"会来退款？

为什么跑掉的"未成交客户"最终能回来？

为什么连客户本人都没选择我们，后来却带来大量转介绍？

为什么钢铁般的关系会散架，而原本的陌路人却会成为莫逆之交？

为什么他会对一个"未成交客户"如此持久地热情付出？

……

我们所谓的"名非论"，就是指无论概念、名称，还是身份、关系，并不一定是一成不变的，很可能都是暂时的。所以，我们都应该用发展的眼光看很多事情或问题。既然一切都存在变数，为了使事情朝着对我们有利的方向发展，那就不能不重视持续经营。

1. 什么是"名非论"

先来破题，何谓"名非论"？

名，即命名为，（暂时）叫作。

非，即并不真的是，并不永恒是。

所以，"名非论"主要讲的是称谓与实质、当下与未来的关系。比如，如来说"三千大千世界"只是叫作"三千大千世界"，并不真的永远是"三千大千世界"。"好方法"只是暂时叫作"好方法"，并不真的永远是"好方法"，时代变了，条件也变了，没有与时俱进地好好经营，过去的"好方法"往往成了发展路上的经验主义绊脚石。"成交客户"也只是暂时叫作"成交客户"，如果客户成交以后跟进维护得不好，也会重新成为"跑单客户"。而"跑单客户"当然也只是"名跑单客户"而非"真跑单客户"，跑单后只要后续真诚专业地跟进，还是很可能重新成为"成交客户"的。"别人的客户"只是叫作"别人的客户"，只要你跟进服务做得好，也很可能会转化为"你的客户"。

木匠，也只是叫作木匠，经营得好他可能会成为楚王（马殷）。皇帝，也只是叫作皇帝，若一味放纵自己，也可能会把自己变成一个木匠（明熹宗朱由校）。爱人，也只是称为爱人，经营得不好，难免还是会沦为路人。路人，也只是叫作路人，经营得好，多少偶遇的路人成为伉俪呢！

生活与工作中，名非论的案例与适用场景比比皆是，可是很多人还是习惯性"为名所限",而不习惯使用名非论的思想指导自己,导致错失良机,甚至创造出很多不想要的结果来。

简而言之,名非论,就是叫我们突破"名"的限制,经营出外延广阔的"非"来。

2. 我们为什么要研究、实践名非论呢

因为太多人为"名"所困,损失实在是很大。而一旦我们真正掌握了名非论的精髓并能熟练运用,则"福"能成为"真福",并尽可能长久,"祸"能转化为"假祸",并尽可能减少损害。

首先从"好事"的角度来说。人们常常会在得到对方正面承诺、正面评价的时候,心生喜悦,以至于常常忘记这份正面的回应,它未必是持久的。举例说,恋人承诺你说会永远爱你,但是那份承诺是基于当时的情境、当时的心情说出来的,我们绝不能说对方在提供这份承诺时是蓄意欺骗你的,但如果你仗着对方已经彻底承诺自己,会永远爱自己,就固化这份承诺,接着忘记了持续经营好自己、保持自己魅力的必要性,而在这个过程当中,你的另一半却不断地内外兼修,提高自己的综合价值,这样一来,时间越久,两个人的综合得分拉开的距离就越大。人非圣贤,持续提高自己的这一方,就很容易会越来越觉得有吃亏感,感觉被高攀了。而之前获得承诺的这一方,如果此刻还不醒悟,却还要时常拿着当初对方给自己的承诺来道德绑架对方的话,只会徒增对方的反感以及想要逃离自己的念头。一旦陷入这样的趋势,当初的这份美好和承诺,怕是好景不长了。

所以我们也常常说，相信承诺是痛苦的开始。须知，名承诺，而非承诺；名誓言，而非誓言。多少海誓山盟随着时间的推移，都会化为泡影。并不是提供承诺的人天生薄情寡义，出尔反尔。恰恰相反，那种取得了对方的承诺就瞬间放松对自己的要求，任由对方努力精进，放任自己原地踏步，难道不是另外一种意义上真正的先背叛者吗？如果看到对方对自己如此有诚意的承诺，同时能够清醒地看到承诺的背后是当时情绪、情景使然，更是基于当时双方都美好的实际条件。懂得从此以后继续努力提高自己，完善自己，而对得起对方的承诺。不把承诺当承诺，而是把对方对自己的承诺当作自我激励的动力，我想这样的关系一定能够更加优质而长久。

在商业运用上也是如此。如果我们的商品和服务都很不错，让客户在现场心生欢喜，马上承诺帮我们转介绍。这个时候如果我们固化了这份承诺，而忘记了持续经营的重要性，难免就会出现与上文案例类似的情况：只是在等待客户承诺兑现，却没有在客户离开店以后持续维护优化跟进关系。这样一来，顾客当初在门店喜悦的情绪随着时间的流逝会迅速地归于平淡，更会在日常生活工作当中，被后来的其他各种情绪冲刷，当初和我们聊得很欢乐的场景，已经变得那么的遥远、模糊和不值一提。

每一个情绪都是独立存在的。无论当初顾客在门店里面跟我们聊得多么欢乐，只要我们没有用应该有的频率和方式去维护热度，那份快乐和那份承诺就会很快被岁月冲刷得无影无踪。而我们如果只是相信那份承诺，不仅没有继续维护，还时不时去催促对方兑现这份承诺，那么对方的好感也会随着每一次的被催促而剧烈地削减，也许用不了几次，对方就会把店员的微信删除……而此刻如果门店经营者们没有觉知到这背后的真相和逻辑，就很有可能得出错误的负面结论：人情冷暖，世态炎凉，看来没有人是值得信任的……

其实如果顾客在开心时答应帮我们转介绍，这样好的承诺，我们能够把这些承诺当作继续好好服务老顾客的动力,明白承诺非承诺,只是名承诺,当对方给我们承诺时,要忘了对方给我们的承诺,把这份承诺当作一种实施经营的动力就够了。那么当初给我们承诺的顾客兑现的概率反而会大大提高,而当我们给对方承诺时,则一定要勉励自己说到做到,保持诚信。

无论在两性关系领域还是在客户关系领域,拥有名非论的观念,能让"美好"更持久,能让"伤害"更短暂。

3. 名非论在客户关系上的实战案例

【叶俊的小故事】

早在十几年前,我还在一线门店做营销顾问的时候,就遇到过大量运用名非论获得不菲销售成绩的案例。接下来的这个小故事所涉及的营业额并不大,但是性质比较典型,无论你现在从事多大规模的销售工作,无论你现在从事哪个领域的销售,我想都是有借鉴意义的。

那是在江苏南部某县城的一个男装店。当时是午后两三点,是门店顾客进店量人数最少的时候。我当时在给所有店员讲解"名非论"的实战策略。正在很多员工表示艰深晦涩的时候,一位颇有气质的女士带着一位小姐妹,一起进店来了。他们继续开会,店长则迎上去招待两位顾客。只见店长带两位顾客逛了四五分钟门店,大概是顾客看他正在开会,也没心思细逛,没有购买就走了。店长回到人群中间来说,是对面五星级大酒店的经理和她的助理,只是随便逛一下的,没有成交,跑单了。这个时候我就借这个案例说,这就是"名跑单",而"非跑单",只要我们跟进维护得好,还是很有可能转化为成交客户的。

开完会后,我安排门店店长也带上她的助理,准备了两个礼盒:有精品的男士袜子、成本价不高但是看起来比较有价值感的秋冬季节的围巾、精致有质感的牛皮鞋垫等。两个礼盒装好,二人便出发去对面五星级酒店拜访刚才那两位所谓的不成交客户了。当然除了带上礼物以外,他们二位也准备好了非常礼貌的说辞和良好的状态。到了酒店办公室以后,店长和助理首先为刚才的照顾不周致歉,接着送上礼物,并耐心地讲解礼物的使用方式,然后欢迎对方再次光临我们店。到了对方下班时间后,这位白天所谓的"跑单客户"一口气充值两万元办了VIP卡,并且赞美一个小小的男装店服务的理念和行为竟然丝毫不亚于他们的五星级酒店的水准。甚至我们这样对待一个不成交客户的做法,还被对方的酒店引用为经典案例,在全酒店的营销和服务部门都推广传播。

这样一个典型的把"丢掉的客户"不当作"丢掉的客户"对待和转化的成功案例,给了这家男装店上上下下所有伙伴莫大的激励和启发。从那以后,他们对待成交的客户更加热情并持续地付出,因为他们明白,成交者如果没有维护热度,也会变成冷却和失去。而对待那些一时没有成交的人,他们再也不会冷漠和彻底地放弃,而是充分地了解,只要跟进维护得好,那些"暂时不成交的"早晚也会回来。所以这家男装店之后的业绩,一路高歌。

有时候就是这样,一个典型的成功案例就能够持续激励和启发一个团队,甚至一家公司。另外特别值得一提的是,就算顾客本人已经在同行那边消费了,如果你后续还是真诚专业、热情持续地维护,跟进得好,即使他本人暂时无法再次到你这边消费,但他还是很有可能会转介绍他身边的人成为你的客户。如果我们把顾客本人视为1，同时假设平均一个顾客能够转介绍三个顾客，那转介绍率就是1∶3。最理想状态当然是顾客本人在我们这边消费，然后消费满意，我们又持续经营得好，又带来三位顾客，即1+3都成为我们的客户。人们缺乏名非论的思想，会造成什么损失呢？"1"本人没有成交，于是"1"背后的"3"也彻底放弃了。

而名非论会鼓励我们："1"没有成交，若好好跟进和服务，背后的"3"很有可能还是你的。因为那位"1"选择了那个商家，并不代表那个商家就一定能够在整个服务链上让"1"满意，而你这位没有向他收过钱的人，却能够持续跟进服务得比收过钱的对手更加周到细致，那么只要你的对手稍微有一丝松懈，这位顾客的天平立即会倾向你这边，他立即会觉得当初没有选择付费给你，是无比遗憾和错误的决定。而他背后的3个准客户他都会介绍给你。这样一来，"1"虽然暂时丢了，但是"3"还在。所有清楚理解这个逻辑的人都不会认为，自己去持续服务没有收到过款的客户是一种吃亏的行为。用现在的流量思维来解释，让更广泛的准客户有机会体验到我们产品和服务的专业，不恰恰是我们引流和创造营销机会的必要途径吗？如果必须是付费了才能有机会体验我们的优秀，岂不是我们自己提高了流量端口的门槛吗？

简言之，一家公司如果能充分运用"名非论"思想，它的已成交客户的流失率一定会降低；未成交客户的回头率会大大提高；转介绍率也同样会有质的飞跃；而销售对象的外延则能突破限制，打开更广阔的蓝海空间。

4. 怎样与客户进行有效联结？用有效联结持续优化关系并防止降温

名非论在实际的销售活动中的应用，我们可以结合具体案例和流程来介绍。看看一个在别家交完款的客户，我们怎样运用名非论的理念吸引回来。认为收了客户的款就万事大吉的麻痹者们，也可以从这个案例当中吓出冷汗，从而更懂得如何维护已成交客户的关系了。

【案例直击】

以影楼婚纱摄影服务行业为例（该行业因为涵盖了销售、生产、旅游服务、技术、互联网、服装、美容等多种业态，所以常常被选为案例行业）。A 为"成交公司"，B 为"未成交公司"，客户在 B 公司咨询后未成交，转去 A 公司后成交了，并发信息告知、回绝了 B 公司的销售员。来对比一下两家的反应：

（1）谈单结束以后的双方反应对比。

A. 没反应，没在成交后立即发信息巩固关系。

B. "哇，那不错啊，恭喜你找到自己喜欢的风格。结婚是一辈子的事，找到自己喜欢的，值得开心噢！不过今天我们聊得也很开心，没关系，之后你有任何与婚礼相关的问题可以随时和我联系，毕竟我是相关行业的，要不然就不是把我当朋友噢。"

（2）谈单当晚的反应。

A. 由官方平台跟踪或无跟踪，销售者本人安享白天成交果实，当晚仍无跟进。

B. "白天收到你的好消息，当时工作太忙了没跟你好好聊，抱歉抱歉。特别再次恭喜你！"

（3）谈单次日早晨的反应。

A. 仍然心安理得没跟进，全然不知自己的客户已由竞争对手公司的销售员在"服务"。

B. 根据客户个人实际情况发送护理信息。例如："亲爱的××，昨天忘了和你讲，我看你脸上有几颗痘痘的，过一个月就要拍婚纱照了，做后期处理毕竟不自然，能提前调养是最好的。下面这份邮件是介绍如何在一个月内健康地把你的痘痘干掉的秘诀，祝你成功噢。"

（4）下订单后至拍照前一周，每隔三日的常规联系提醒（频率灵活）阶段。

A. 没有跟进客户，甚至已经忘了那个客户。

B. 持续服务。本步骤注意事项：直呼其名/昵称；根据客户实际情况发送提醒；语音发送；营造个人对个人的感觉，避免流程、公众平台、群发感；要根据其自身护理周期关注和跟踪，口吻自然亲切；方式愉快，内容要有价值。

（5）拍照前一周的每一天。

A. 仍然没动静，只是傻等着客户日期到了来拍照。

B. 仍在服务。本步骤操作注意：以对待亲人的态度，语气严肃和轻松灵活掌握；关注、跟踪护理流程、生活规律。例如："一个礼拜后就要拍结婚照了，心情有没有很激动呢？这个礼拜一定不能熬夜了，避免吃辛辣的东西。要美美哒……"重点是要持续提供有价值的专业指导与资讯。

（6）拍照前一天晚上。

A. 由公众平台通知。次日拍照及注意事项。

B. "亲爱的，明天就要拍婚纱照了，是不是很兴奋啊？为了第二天的良好状态，一定要早点睡呢！（+婚纱照拍摄前注意事项+活泼可爱的结尾）"

（7）拍照当天早晨。

……

（8）拍照当晚。

……

（9）看照片、选照片当天。

……

（10）婚礼前半个月。

……

（11）婚礼当天。

……

（12）日常。

……

其间保持有价值的互动、跟进、服务。

如主动提供客户可能需要的相关资讯。——"女神，离你结婚也就剩下最后几个月了，我想问一下婚庆啊、礼仪啊、花车啊、婚车啊相关的都准备得怎么样啦？床上用品搞定没有啊？我是这个行业的，很多人我都认识。在这个城市我做这个行业多年了嘛，这些人我都熟，你有看上的就告诉我，我帮你安排优惠，帮你对接高级经理亲自服务。对了，还有我给你准备了一些代金券，我快递给你……"

必备工具：当地结婚省钱攻略手机电子稿；当地结婚资源优惠券和优

惠资源的联系方式；常见脸部皮肤病快速有效护理办法；常见的瘦身或增肥办法；符合当地风俗的结婚流程和准备事项的专业表格；双方成功添加微信并标注实名及概况。每周或每月更新一次，为这个阶段向客户提供增值服务做准备。

客户心理分析：客户在A影楼成交，刷卡，则对A影楼的任何服务都认为是理所应当的。而未成交的B影楼以超过A的服务态度、责任心、热情度去服务客户，客户会觉得是"额外获得"。此时你越是无所求，则客户的后悔可能性就越高。若A影楼稍微有任何偏差，或频率上的差距，都会让客户觉得是影楼本身综合素质的不足。"名成交非成交""名不成交非不成交"重在经营。在社交经济的时代，持续的专业与热度跟进，尤为重要。那么，如何让我们的成交客户尽可能慢地冷却，减少客户几乎忘记我们的概率呢？

我们根据实践并结合心理学，总结归纳出微信十大有效联结方式。这十种有效联结方式是不花一毛钱让大量老客户提高转介绍动力的有效方法。那么，如何不增加成本也能得到老客户的大量转介绍呢？

老客户基数的累积量一定要大，才能更有力地"滚雪球"。要与大量老客户建立朋友关系，所以需要持久经营，需要有效互动。大量无成本转介绍的关键是老客户一听到身边有目标消费对象第一个想到你。那么，老客户凭什么第一个想到你？

首先，了解有效联结的特点及操作注意：

（1）要么不联系，要联系就有价值提供，不管电话、微信还是见面的方式。

（2）公私搭配。公众平台发布的优点——树立公司正规化、稳定性、健康运作的印象。私人发布的优点——容易建立私人友谊，有利于开发转介绍；比较灵活，能够因人而异，提供具体价值，解决客户具体问题。

其次，掌握突破营业额的三个要点：

（1）增加客户数量。

（2）提高单次消费额度。

（3）增加重复消费的次数。追求利润最大化的意思并不是单次消费利润无尽压榨化，而是追求长远利润的长久化。

最后，避免负效联结和无效联结。本节结合前文"价值论"将更易于吸收。

所谓负效联结，就是没有情感铺垫，只在营销活动时联系。与客户有效联结中要真诚、专业、可爱，起心动念不能是"只求转介绍"。有效联结只是我们和客户维持友好关系的一种，转介绍是顺便的结果。如果在感情铺垫中没有到一定程度，冒失要求客户转介绍只会适得其反。

所谓无效联结就是公众平台对顾客群体、内容无价值的联结。无效联结是不能给公司创造盈利价值的。例如，节假日某些通信公司群发给客户群体的信息，虽然是客户联结，但显然客户很难有特别感动、珍惜的感觉。因为，以接受群体而言，是通信公司对整个客户群体的联结；以联结内容而言，是普遍祝福，没有针对性，且大量复制，没有独特性。

我们总结归纳的"微信有效联结"的十大内容方向包括：

（1）身体保养篇（应季宜人）；

（2）汽车养护篇；

（3）企业经营篇；

（4）个人成长篇；

（5）家庭和睦篇；

（6）出行天气篇（特别天气）；

（7）专业资讯篇（本行业相关）；

（8）互通近况篇；

（9）亲子教育篇；

（10）本品护养篇（你卖的什么就指导客户该产品的养护办法）。

以上 10 种内容，一般都是客户无法拒绝的有价值的内容，所以特别推荐用作长期关系维护。

需要注意的是，频率把握（除名非论战斗中）5 天一次；内容二三十字；绝不发未经证实的、非权威出处的传言；拒绝负能量、负面信息，要发专业、向上、阳光的信息。

经测试，这 10 种内容的信息客户一般不至于反感。当我们在与客户有效联结中获得更多差异化、个性化的信息和需求，则与其有效联结会更有针对性。有效联结，尤其是有针对性的有效联结虽然看起来系统庞杂，其实操作起来并不复杂。我们在平时养成着重收集这 10 种信息的习惯，全部整理成文档。在与客户聊天中细心了解其个人情况，平常关注其社交软件状态更新，然后有针对性地截取我们需要的资料即可。

如果对客户还不是很了解，最好从自身产品养护入手进行初步联结。若客户最近在韩国旅游，而你天天发北京的天气提醒，客户没有购车而你发车子保养注意……也是无效的联结。

切记在与客户沟通中，不能有"懒惰思想"，一条信息转发很多人，比如近期朋友圈流传的"最近天气冷了，我亲爱的朋友记得早晚加衣，多喝水"，貌似内容是有效的，但联结效果不会很好。当客户觉得你是群发时，则感动值、珍惜度、亲切感会大幅度降低。

而公众平台持续发布其他有效联结的内容，也是树立运作正常、规范、专业形象的手段。恰恰因为其"公对公"性质，只能发布普遍信息，服务一部分客户需求中的共性，业务员"私对私"的联结才更加重要。所以，公众平台和私人联结相结合，是我们比较好的选择。

5. 无处不在的"名非论"现场

"名非论"在很多的场景中都能运用，比如企业管理的场景、生活策略的场景、大脑固有观念的场景、两性关系的场景，很多场景都是可以运用的。

比如说，有的人仗着自己是"老前辈"，在这个行业资历很深，不太与时俱进。你要说他呢，他还倚老卖老摆老资格，说我入行的时候，你还在……但这种执着于"过去所有好方法"的人，在科技时代、互联网时代，尤其是区块链时代，就很危险，很容易被淘汰。

我们说的好方法，即"非好方法"，是"名好方法"。你所说的好方法，只是名字叫作"好方法"，它不一定永远都是"好方法"。当条件发生变化时，好跟坏就可能转换。

如来说："汝等比丘，知我说法，如筏喻者，法尚应舍，何况非法。"佛说筏喻，就是说过河的时候，竹筏是个好工具，可是过了河后，就没有必要总是背个竹筏赶路了。在水里，船是个好东西；上了岸，就该舍离了。所以要分清时间、地点和条件，来确定什么是有用的什么是无用的，什么是加分的什么是减分的。

比如企业在发展过程中，一般都要经过由小到中、由中到大的若干阶段。老板在创业之初"事必躬亲"，往往是加分的；但是由中到大还"事必躬亲"就难免自我设限了。因为过去的好方法，未必在今天也是好方法，也未必是永恒的好方法。企业已经发展壮大，老板依然事无巨细"事必躬亲"，恰如已上岸还背着竹筏。

不同的阶段，好与坏相对，"名"与"非"不同，这个关系要用好。比如说，有个顾客跑掉了，没能成交，只是叫作"暂时未成交客户"，他不是真的"不成交客户"，跟进得好，是完全可以转化的。

如果他都在别家下订单了，已经确实在你的竞争对手那边付完款，那可以叫作"别人的客户"了吧？也不是。那只是暂时叫作"别人的客户"，你经营得好，那个人以后重复消费，还可能上你这儿来。就算是一辈子只拍一次婚纱照这样的单次消费，你如果后续维护得好，跟进得好，他还有可能帮你介绍客户。并不是说别人的客户就是别人的客户，只是暂时叫作"别人的客户"。

所以，所有你想整合的资源，你都不要用文字的障碍去自我蒙蔽与自我设限。不要为名所桎梏，不要为名所遮蔽，因为名背后有"非"。横向上，有角色的转换；纵向上，有好坏的转换。

就像两性关系，有关好坏的转换，同样都属于"名非"的范畴。好配偶即"非好配偶"，是"名好配偶"。如果你不珍惜，也可能变路人。路人也非路人，经营得好，本来的路人也可能会成为你生命中至关重要的人。

所以感觉、情绪、感情之类，尤其要注意重视当下的体验。过去你让人很感动，今天你可能让人很愤怒，那人还是会跟你有矛盾。昨天的情绪相对今天来说既有联系，又是独立的——无论昨天你们多甜蜜，都几乎不影响你今天被惹毛时的愤怒程度。有鉴于此，我们要用"名非论"的思想，来看待我们的生活、事业和工作。

很多时候，我们的思维、语言和行为的惯性就是这么来的，来源于我们的命名和定义。命名和定义用对了，可以进行分类、归类，当然很好。如果用过头了，就变成了自我设限，因为文字障碍而封闭、桎梏了自己。

一个人是摄影师，难道就只能是个摄影师而已吗？这个人就不能同时是个销售高手或者交际高手吗？或者领袖人物吗？

如果对一个人用一个职位名称框死他，那他的潜能就无法发挥。有时候打破一下命名，外延很可能得到一个巨大的拓展。

有的行业做着做着就陷入了一个瓶颈，很有可能是因为其行业属性的命名，使其自我催眠太严重。本来具备很大的实力和很多的可能性，却摆脱不了行业名称的属性，就是长期催眠带来的自我封闭。

所以，我们不妨问问自己，是否突破了自己的身份、角色、行业等命名文字的局限性执念？放下这些束缚，你就会放下很多障碍。

比如放下"摄影师"的文字障碍，可以成为怎么样的人呢？可以开发领导力；可以在摄影的时候，跟大量的客户交朋友，变成一个开发客户的销售高手；如果把这些经验教给团队，那不就变成培训讲师了？如果教得好，那就变成一个培训业高手了……

本来是个"摄影师"，一旦突破了文字的局限，就可能变成未来可以当总经理的人。但如果只活在"摄影师"三个字里面，那很难有机会成为具有综合能力的总经理；即使当了，也未必能胜任，因为"名"限制了人。有时候，当我们放下"名"的局限性，就会迎来海阔天空。

放下"名"的局限性，从横向上来讲，你有更多的可能性；从纵向上来讲，你的心态将会更好，你会看到希望。比如对于一个不成交客户，当你放下"不成交客户"这个概念时，你就有了新的信念：管他是否成交，这都不重要，我只是把他叫作"不成交客户"而已，我可以持续服务他，我就当收过钱一样去服务他，那他不仅有可能回头，还有可能给我带来其他客户。

如果你认定这就是不成交客户了，于是断了所有的念想，他本人再也不会回来，更不可能帮你带其他客户来。你不仅丢了"1∶3"转介绍机会，甚至"1+3"全没了！这就是说，如果你用负面的命名去定义一个事情的话，你就很可能会成为一个消极不作为的人，而且你会心安理得地不作为。那么，你会丧失多少机会呢？

如果你没有放下名对你的误导，那你也可能会盲目乐观。比如说，你认为你们夫妇是恩爱的，这是一个听起来阳光的、正向的、积极的名；如果你接受这个名，就可能会忘掉两个人在一起以后持续经营关系的重要性，忘记不断提高自己魅力的重要性，因为你固化了二人的关系和状态。

但你怎么知道夫妻会无条件地长期恩爱呢？你一旦为这个名所麻痹，可能接下来就不会好好经营自己的身材，好好经营自己的状态，好好经营自己的颜值，好好经营自己与人相处的魅力，好好经营自己说话的方式，好好经营细节方面的关心与照顾。

为名所累或为名所误，都可能让坏事持续固化，让好事也会变成坏事。而反过来讲，如果你放下名而着重经营"实"，那坏事会变成好事，好事也将长期是好事了。《金刚经》说"法尚应舍，何况非法"。"对"的，都要舍弃，时时更新，何况眼前就已看出是错的事物呢？不执着于名，明白是名非实，唯有长期正确经营，方能将好结果尽可能长久化。

篇末寄语

亲爱的读者，不仅佛家讲名非观，世界上古老的很多智慧都讲到这一点，比如《易经》提到的"为道也屡迁，变动不居，周流六虚，上下无常，刚柔相易，不可为典要，唯变所适"，再比如古希腊哲学家赫拉克利特说的"人不能两次踏进同一条河流""太阳每天都是新的""一切皆流，无物常住"。看来，我们"名非论"的大道早已融入古贤们的哲思中，可见它的适用性之广！

几个实用小建议：

- 每日成交客户，都要用售后维护流程去跟进，优化关系，并且要核查。
- 与客户交朋友，跟进的最佳回访时间是成交当晚八九点。
- 每日未成交客户必须建档，由店长检查具体负责人用"名非论"思维跟进的进度与记录。
- "员工"只是名员工，非员工，他做得好，就是"教练"，就可以请他来分享他的成功心得。
- 公司专人负责为销售、客服人员跟进客户提供工具包，包含专业说辞、当地行情、兄弟单位优惠券、产业链上的新资讯及负责人名单等，为跟进者解除后顾之忧。

第八章
打开论

要人们认同你的想法,必须先让他们接纳你这个人。

——约翰·麦斯威尔

为什么很多企业老生常谈很多年的事情，员工还是常常没做到？

为什么老师、家长苦口婆心无数次，孩子却常常听不进？

为什么销售人员都已经掏心掏肺了，客户仍然不为所动？

为什么上课时老师讲的知识都是对的，学生们也知道老师是为了自己好，但考得好的却还是没几个？

婚纱摄影行业、美容美发行业、服装行业、家居行业、餐饮行业等服务行业，有一种非常奇怪而且常见的现象，每天都是早会、晚会地开，讲来讲去叮嘱重点，可是5年过去了，8年过去了，一批批的员工似乎还是没听进去。

很多时候，学校老师讲课也是认真负责、耐心讲解的，但还是有相当一部分学生学习不好。很多时候，父母都在努力地教育孩子，孩子心里也明白父母是为他好，而且也说得对，但就是"不听话"……

这些场景，都令人非常困惑。那么，到底是什么原因导致了这样的情况呢？人们在沟通中常常执着于动机和内容两个部分，认为动机是"为你好"，内容是"难道我说得不对吗"？对方就应该听进去。可是谁规定动机好，内容对，沟通就顺畅呢？几乎所有的学生都知道老师讲课的动机是为学生好，内容都对，但这就意味着学生们会认真听吗？就好比老师的知识是一瓶水，学生的知识是半瓶水那么多，那么是不是无论老师多么真诚热切地想要把水注入到水少的瓶中，也得先打开对方的瓶盖呀？对！沟通能否顺畅的真正关键是对方是否已经打开接受的开关，而非里面的水好不好。

1. 从一次帮人开会的经历说起

【叶俊的小故事】

2010年，有一次叶俊在上海的录音棚录制能量CD。录制完节目已是下午4点，刚好饿意袭来。楼下有家潮汕养生餐馆，他就走了进去。

叶俊正好看到他们店长给大约20个员工开会，大概是流程会议。出于职业病，叶俊就开始观察他们怎么开会、沟通。

店长认认真真准备好了讲稿，就一条一条地讲最近存在哪些问题。其实能被店长整理出来在会上说的，八成是近期出现的，比较普遍、重要的问题，肯定是值得店员认真聆听的。

虽然内容是怎样让员工少被罚款、少被投诉、多被奖励，都是为团队好。但参加开会的人站了两排，大多数员工都显得毫无精气神，还有员工在玩手机，都没有认真听讲。开了一半的时候，叶俊实在看不下去了，从座位上站起来，走了过去。

叶俊微笑着说："店长，可以把这个稿子给我吗？"

店长吓了一跳，所有人都很惊讶。

然后那个店长说："你想干吗？"

叶俊说："你看着，我帮你开会。"

然后，旁边那个茶桌边的老板娘被惊呆了：怎么会有客人喝汤喝到一半跑过去给他们开会？但是老板娘只是观察着，并没有阻止，觉得遇到了怪人。

叶俊对店长说："看得出你非常有责任感，也很认真，总结的内容也很好，同时你一口气讲了那么多重点，人家都听糊涂了，话和话之间都没有停顿，板块性很模糊。那么你讲了那么多事，可能最后伙伴们都没有记住一两件。"

店长问："那怎么办？"

叶俊说："你讲完一个重点，要跟对方做个确认：我刚才讲的部分，大家能不能做到？确认了一个板块，再讲下一个板块。"

叶俊就给店长做了一个示范。叶俊先赞美了这家店的汤味道超好，又夸奖了环境卫生很棒，一定是这里的员工们很负责任……看大家一个个喜笑颜开，注意力都回来了，知道大家"接受的开关"已经打开，然后才开始拿着店长的稿子讲重点，就这样帮着训练了他们的员工，然后一步一步开完这个会。

就像我们去唱KTV，唱完的时候我们要走，按规矩送客的服务员要跟我们道别："谢谢光临，请慢走！"也像我们去服装店，按规矩服务员要欢迎我们："欢迎光临！"但是，很多都是流程主义的方式，大家在很认真地走流程，可是这些流程没有灵魂，所以也就没有生命力。那些"流程"上的用语，常常被扯着嗓子喊出完全漫不经心的语气（各位看官请自行脑补该语气、场景，相信大家都很有经验）。如此不走心的程式化"服务"，怎能打开客户发自内心接受的开关呢？

2."打开"与"没打开"的区别

所谓"打开"就是指打开人的心门,打开沟通对象情绪的开关。

上文说到,大部分人在沟通上一般都存在两个误区,也就是两个执着。一个是执着于动机,叫作"我是为你好"。认为动机没问题,你就必须得听。再一个就是执着于内容,"难道我说得不对吗"。认为内容没问题,你就必须得接受。

很多人的沟通失败,实际就是失败在了这两个执着上。他们觉得:动机上我为你好,内容上我有道理,所以你就应该听。可是,我们上文所述亲子间、上下级间、师生间等几个场景的沟通,动机和内容都没问题啊,对方听了吗?没有听。这让很多人陷入了无法沟通的迷茫。

在周星驰导演的电影《西游降魔篇》里,出现了假道士跟玄奘两个人物。从动机而言,假道士是为了骗钱,而玄奘是为了救人,二者形成鲜明的对比。从内容而言,假道士,身份是假的,说的话是骗人的;而玄奘说的才是真话。那么按道理说,玄奘的动机好,内容也对,大家本应该听他的;假道士的动机不好,内容也是假的,大家本不应该听他的。可是结果呢?玄奘被吊起来打,道士被千两银子供养,找谁说理去?

这就告诉我们一个道理:并不是你讲话的动机没问题、你讲话的内容没问题,对方就会听你的。

对方会不会听你的,首先要看,你有没有打开对方收听的开关,也就是有没有打开对方的心门。就像往瓶子里倒水，光是想倒水和努力去倒水还不行，首先得把对方的瓶盖打开；如果不把对方瓶盖先打开，任水再好、再多，倒水的人再卖力，也同样无济于事啊！

也就是说，光是真诚、正确还不够，还需要先把对方的入口"打开"。不仅你沟通的动机和内容要没有问题，而且你沟通的步骤也要没有问题，这样才有可能取得沟通的预期效果。

所以，沟通的时候，先不要着急抛重点，而先要确认对方的心门是不是已经打开，心门打开才能接收信息。对方的心门还没有打开，这个时候你就不能讲重点。对方不在状态，你讲什么都是徒劳。换言之，你需要先打开对方接受的开关，然后才能进入正题。

当然，我们讲《西游降魔篇》的这个案例，并不是鼓励大家学那个假道士去骗人，而是要提醒大家，明明动机好、内容对，却还要被别人反对、排斥，那就太不值了。

【参考画面】

我们经常在古装电影、电视剧里看到，某某大臣觐见皇帝，直言进谏，他的初衷是为朝廷好，而且话都说得很对，但是结局却很悲惨，不是被贬就是被打被杀。为什么会常常出现这样的局面呢？通常的版本就是，大臣会对皇帝说："你这个昏君！"皇帝当然不愿意听，接受的开关瞬间关闭，甚至"怒从心头起，恶向胆边生"，转而完全迁怒于犯颜直谏的大臣。

为什么那些妖妃，身无武功，手无寸铁，在皇帝那里吹吹枕边风，可以置那些大将、大臣于死地？因为那些妖妃谙熟打开帝王"接受开关"之道。

看到皇上焦头烂额地回到后宫，她们不会直接问："皇上怎么了？"这样显然是哪壶不开提哪壶。她们会说："陛下好久没有来臣妾这里了。臣妾新学了一个舞曲，正欲献给陛下，想来陛下日理万机，也该好好放松一下自己了，不然臣妾着实心疼，不知陛下可有心思看看？"皇上正烦着呢，当然希望散散心了。唱歌跳舞完事，还要给皇上献上些自己"亲手做的"新鲜小点心，辅以美言宽慰。两情相悦之下，再云雨一番，皇上的烦恼得到了很大的缓解。这个时候，情绪的开关已打开，抗拒的锁也已卸除，妖妃的机会也就来了。然后她就开始哭，背对皇上流眼泪、哽咽，还得让皇上发现了，追问再三都是欲言又止，还说怕给皇上添麻烦，最后"被逼无奈"才说出实情，要告某个大臣的黑状。因为开关打开了，皇上很容易就接受了妖妃的说道。只消三两下，在昏君那里，妖妃的地位便超过功劳显著的文武百官了。

当然，不是让大家学妖妃作恶，而是要从这里边体悟出沟通前打开开关的重要性。技巧本身并没有善恶之分，关键是看我们用来做什么，要达到什么目的。所以说，要沟通就不要只考虑动机和内容的正确性，还要考虑开关是否打开了。

不管是夫妻沟通、亲子教育，还是跟上司、老板、客户提意见，或者给员工开会，统统要有一个不可忽视的观念，就是先打开开关，然后再讲重点。

比如说，家长跟孩子沟通前，先跟孩子把距离拉近，让孩子体会到你对他的爱，而不是只感受到你的一腔怨气，甚至一腔怒气。把孩子的情绪调整到可以沟通的状态，再进入正题，而且是对事不对人，表现出对孩子的足够尊重。

老师讲课之前，能不能先花两分钟跟孩子们互动一下，开个小玩笑？孩子们会心一笑，灵性就回归了，这个时候再讲重点，那就不一样了。而不是一上去就板着个脸直接讲重点，学生发呆的发呆，犯困的犯困，甚至玩手机的玩手机，老师讲得再对有什么用？

所以说，成功的沟通，是先把对方的注意力吸引过来，让他与你产生同频共振，然后再开始讲述实质性内容。那么，如何确保大家持续开着心门呢？讲解方式形象生动是一个不错的办法。

有的孩子，你让他背课文，三天背不下一个小段落，而跟爷爷讲动画片故事，却是神采飞扬，滔滔不绝，一口气背了三集的台词。你说他记性好不好？强烈的反差是怎么形成的呢？当然因为动画片更生动！对孩子们而言，你不生动，再对都没用。不要说孩子们了，成年人也是如此，成年人开会也有睡着的。如果听一个特别有趣的演讲，那当然乐此不疲，赶都赶不走。演讲生动，都放下手机了，游戏也不玩了。生动才有吸引力，才能打开听众情绪的开关，这样的情况下沟通的效果必定理想得多。

很多时候，夫妻之间互相提醒对方的话，都是为了自己这个家好，其实说的话也蛮有道理的，但就是忘了打开对方接受的开关。比如说，你要在公众场合留给对方台阶，然后私下里用合适的语气沟通，可能你的另一半就不会那么容易拒绝。

但是，有时候你为了自己的感受，把对方当作你的"垫脚石"，在公众场合用把对方比下去的方式，来彰显自己有多了不起，对方显然就不容易接受，甚至会很生气。因为你再为对方好，对方也觉得你在伤害他。中国的古话说"当面教子，背后教妻"，就是说当面教育子女，显得你家里有教养；可是当面教妻，就弄乱了辈分，因为妻子与你是同辈。无论教妻还是教夫，都不可以在公开的场合，因为那种场合会导致对方的开关是关闭的，人家很难当众接受你的批评。

为什么大部分的家长都为子女好，大部分的子女都知道爸妈为自己好，可是都不听父母言呢？因为大部分的家长没有先打开开关。就像电影《活着》里面，地主儿子一回家，地主开场白就说"你这个逆子"，一下就把接受的开关彻底关闭了。女儿提醒爸爸说："爷爷骂你呢。"可醉醺醺的地主儿子满不在乎地回答："没事儿，你爷爷唱歌呢……"你看，接受的开关一关闭，就把你的苦口婆心当"唱歌"啦！接下来老地主把自己气死，也就不意外了，这都是不懂沟通步骤所致。

越是重要的场合，越是重要的话题，越是要精心布局，确保快速打开对方收听的开关；在确认开关打开了的情况下，再进入重点内容。

还有一个值得注意的问题，就是如何确保听众的心门持续开着。你开头讲了个幽默故事，大家哈哈一笑，觉得挺有意思。但是，开头一个幽默故事并非可以一劳永逸。你后面越讲越无聊，那么听众的心门就可能又关上了。所以，后面还是要点缀，设计好包袱，设计好有趣的案例，以保证牵动人心、调动情绪。那么，开局开得好，中间过渡也好，无论演讲、会议、还是教学，包括父母给孩子讲道理，销售员给客户推荐产品，对方就可以全听进去了。

因此，"打开论"可以解决什么问题呢？显然主要是解决沟通效率与沟通结果的问题。因为家庭、生活、工作、事业、人际关系中都离不开语言沟通，而语言沟通又是一门非常关键而复杂的学问。

3. 打开接受开关的方法

只要用点心，相信大家都能总结出一系列打开接受开关的方法，并有实用价值。

【叶俊的小故事】

叶俊以前在一线带客户公司团队做销售即将有新突破的时候经常开会，通常会在开始前跟员工说"哇！状态这么棒，每次给你们开会都很兴奋"等赞美之言。

在宣布开会之前，他都会先猛夸一通，因为这样就能打开大家的接受开关。他还没有开始开会，员工已经接受到表扬，通常人们在刚接受完热切表扬后情绪都会有一段持续性绽放，尤其是接受到来自欣赏、认可甚至仰视的权威者的赞美，效果更佳。

然而，我们很多主持会议的人却不是这样。他们在开会之前，第一件事情先亲手关掉这几个好不容易打开的"开关"，经常说："你看看你们，站没站相，让我讲多少遍？"还没开讲，自己先亲手把路堵了。这就是为什么有人开会不成功，一个细节就已经阻碍了他，何况中间他还孜孜不倦地再三用剥夺听众情绪价值的方式屡次关闭对方接纳自己的开关。

懂得打开接受开关的人和不懂得打开接受开关的人，被各自沟通对象接受的程度完全不同。

两性之间也是这样：你可能真为对方好，但是没有注意情绪的开关要打开，对方还在生气甚至对抗，你说得再对，人家都要抵触。你觉得很委屈，其实很可能这些委屈都是你自己导致的。你在一个错误的时间，用错误的方法去激怒对方，对方一时回怼让你受伤的言辞，这样的恶性循环模式也是屡见不鲜。我们不可不引以为戒。

不管是一对多的公众演说、开会，还是一对一的交流、销售，皆属沟通。而沟通说服的目的，就是要让对方把我们的建议听进去。这里最重要的前提，就是先打开对方接受我们情绪的开关。

如果我们没有打开与对方沟通的开关，判断对方还在抗拒，就宁可先等一等，寻找到好的机会再说。因为如果被彻底拒绝，那样可能连下次再说的机会都没有了。

这就是沟通、说服中的"打开论"原理。同时，在沟通中，如果你是倾听者，你要先打开自己；如果你是讲述者，你就要打开对方。

那么，如何打开不同的人接受的开关呢？我们分为两种情况，一种是打开陌生人的开关，一种是打开熟人的开关。

迅速打开陌生人接受的开关，常用的策略有六个：

第一个，赞美法。这是最好用、最直接、最广泛的"武器"。赞美的重点是真诚，言之有物，夸到具体的某个点上，夸赞得越自然越有效。

第二个，鼓励法。有的人可能会说，赞美跟鼓励不是一回事吗？当然不是。赞美强调眼前已经做到的，表示对现有的肯定。而鼓励是表示对趋势的看好。"嘿，你做得真不错！"这是赞美。"这样下去，你会越来越了不起啊！"这叫鼓励。

第三个，幽默法。幽默的目的在于让对方放松情绪，喜欢上这里的氛围，减少抗拒，降低走神、抵触概率。如果对方喜欢你，那么也很可能会喜欢你所说的内容。所以说，运用幽默法来打开对方，可以使自己与对方建立更成功的沟通关系。同时，适当的幽默能使对方更信任你。

第四个，悬念法。好奇之心，人皆有之。所以运用悬念法，往往会产生探究欲，一下子就可以把对方吸引到沟通中，往下寻找答案。前文说的"妖妃"的案例就使用了悬念法，"欲言又止"就是。通常你越追，对方越跑；你越硬塞，对方越不要。反而扣留部分信息，对方更容易追着你索取更多信息。

第五个，示好法。"妖妃"一开始用的就是示好法：先给你唱个歌，给你跳个舞，给你揉揉肩，给你亲自奉茶，做糕点……这样很容易就能打开对方的开关。我也曾见过业务员去客户办公室陌拜，见对方在打电话，就把对方办公桌上的烟灰缸清理掉，并打扫了办公室的地面，倒了垃圾。等整理完卫生，客户电话也打完了，老板冲他刚才的表现，直接签约成交了。这也是"示好法"在现实工作中的一个典型案例。

第六个，利益法。顾名思义，利益法绕开了所有其他环节，而是直奔主题，许之以利、诱之以利。很多人都抵不过利益的诱惑，尤其是自己最在乎的方面，一旦有人以之诱己，通常很难禁住诱惑。这在打开陌生人开关方面，实用性广泛且效率较高。如优惠、免费试用试吃、分享立返佣金等促销方法；如期权、股权、上市分红等人才整合方式，都是利益法的运用与写照。

而在沟通中，快速打开熟人的常见要务，则是平时为人的点点滴滴……

想象一下，你身边如果有这样一个人：他或者消极，原地踏步，持续不上进，他在过去的岁月里几乎没有创造什么成功案例；或者借钱不还，为人失信；或者言语轻佻，且经常食言；或者身为上司，却做不到严以自律的表率；或者身为掌权人，处事不公，崇尚"人治"而非"法治"……凡此种种，但凡有一两种行为在你的眼中出现，那么这样的人在你的心目当中，是不是瞬间就会让他的公信力大打折扣呢？现在试想一下，这样的人对你说出上文所述的6种语言，你会因此有任何好的感觉吗？这样的人赞美你，你会非常喜悦吗？这样的人鼓励你，你会充满能量吗？很显然，因为这样的人长期表现太差了，所以他的语言是缺乏分量的。相反，如果你身边有这样的人：他设定目标，积极进取；他遇到挑战，乐观应对；他身为上司，以身作则，严于律己；他手握权力，但从来都不徇私舞弊，而是秉公执法；他说话算话，允诺的事情向来都承担到底；他持续创造好的结果，让身边所有人都充满信心，并且对他充满信任和崇拜……这样的人对你赞美和鼓励，会不会特别有效果呢？

所以说对于身边的熟人而言，打开沟通开关的最主要法则是自己的长期表现。有威望、有公信力的人，一开口说话几乎不需要任何的沟通技巧和策略，身边的人立即应者云集。这都是因为他们持续的长期表现非常过关所积累下来的影响力。

因此当我们跟陌生人沟通时，自身状态和临场的沟通策略是非常重要的。而当我们跟熟人沟通时，自己的为人口碑以及长期表现才是真正的根本。

现在请回顾一下，过去你经常用哪些方法？一个都没有用过，还是很少用？亦或上文所列法则是你过去的常用法则？如果以后在与陌生人沟通前先用 6 把钥匙的其中几把打开对方开关，在与熟人沟通前进一步累积自己的信誉度，沟通的效果会不会好很多呢？

学会打开论，不仅对于销售业绩和成交率的提高至关重要，对于启发教育子女的智慧、改善亲子关系也大有裨益。毕竟，只要沟通能力提高，处理任何人际关系的能力都必将得到强化。

4. 人生还需要打开很多开关

法拉利跟拖拉机哪个开得更快？人们通常会回答："显然是法拉利开得更快，拖拉机跟它不是一个档次。"但是这里需要一个前提，那就是都在打开开关的情况下。如果拖拉机打开了开关，法拉利没有打开开关，那么显然拖拉机会更快。

【案例直击】

美国的车厘子，要上百元一斤。而我国江南的的黄岩蜜橘，也就几元一斤。按价格来讲，这个车厘子比江南蜜橘要贵很多。那么二者给你选，哪种会更受欢迎呢？很多人会说那当然是贵的。但其实结果是：不一定，要看它们上市的时间。

如果车厘子跟蜜橘都是新鲜的，对很多人来说是车厘子更抢手，因为它是较稀缺的水果。但是如果车厘子在该上市时没有上市，却一直存放着，那么过一段时间就不新鲜了，也就不值钱了。在这个时候，如果黄岩蜜橘是刚摘下来的新鲜货，人们自然会选择去买它。

有很多人从小到大都觉得自己是那个"车厘子"，长相漂亮，思维敏捷，为人友善，读书成绩也不赖，认为自己应该有更好的未来。可是，在一次又一次该绽放自己的时候，都没有绽放，有道是岁月不等人，等来等去，成了一筐"不新鲜"的车厘子。等到再看看别人，就会发现，好多小时候曾经那么羡慕自己、自己看不起的对象，已经由"不值钱"的蜜橘变得炙手可热。现在你突然发现，那些昔日的蜜橘过得都比你好，他们"有人爱""有人疼"，甚至还事业有成，财富积累也超过了自己。

也许你从小就觉得自己是法拉利，在你眼里隔壁小伙伴顶多就是一辆拖拉机。但那个拖拉机一直打开开关，火力全开，不断潜能激发，一路高歌，甚至有的小伙伴已经把你甩得连尾灯都看不到了。一个人也许曾经觉得自己应该是演唱会舞台灯光般光芒万丈，但他若持续没有打开开关，那他还不如那根在夜空中燃烧的蜡烛。

人生有很多的开关，有待我们去鉴别、发现、打开，打开了才能释放力量。但是好多人在该打开开关的时候，都没有打开。很多人 25 岁就已经"死了"，80 岁才"葬"，说的恰是自我潜能开关持续封闭，彻底葬送了生命精彩的可能。所以，曾经他们看不起的那些人，后来都超过了他们。

【叶俊的小故事】

叶俊在高中一年级的暑假勤工俭学送啤酒，这是他第一次接触商贸公司。那个时候他只能天天蹬着三轮车给客户送啤酒，10元钱一天，还要自己管饭。金衢盆地号称是中国第五大火炉，送啤酒又都是最热的时候送，客户的餐厅要提前冰镇，才能赶上晚上喝。

为什么那个时候他只能靠出卖体力来换10元钱一天？因为他当时在社会上学习的开关还没有完全打开。他没有打开销售领导力、演说和资源整合的开关，甚至连那个概念都没有。既然体内其他潜能的开关还没打开，那就只能先用"体力"这一个开关了。于是当时唯一的工作，就只能是做好送货工、搬运工。

直到高二暑假重回同一家公司。有一次公司召开销售与业务员的公关、话术训练会，叶俊争取到了旁听的机会。那次培训会叶俊如饥似渴地学习公关、销售的知识，这也被老板看在眼里。不久，叶俊便由送货部调到了业务部，从此开始接触公关、销售、领导力等社会实践，而靠体力送货的工作则几乎不用参与了。经过大量的实战与成长，高三暑假，叶俊便成为了那家公司的区域业务经理。这也为他上大学后的社会实践奠定了很好的基础。

人生需要打开很多重要的开关，比如感恩的开关、学以致用的开关、领导力的开关、资源整合的开关、人脉结交的开关，还有情绪调整的开关、好状态的开关、资本思维的开关、互联网思维的开关、公众演说的开关、销售力的开关……如果这些人生重要的开关统统没有打开，那就只好去靠卖体力赚钱。而这些人生重要的开关打开得越多，获利的方式也会越多，收益的数额也会越大，这是成正比的。

打开开关就是转变人生的模式。模式转变了，才能改变人生状况。所以说，今天你所遇到的问题，往往都是因为人生的相应开关没有打开。

在人生需要打开的很多重要的开关中，我们要特别提到几个：

其一，谦虚的开关。有的人一辈子都没有打开这个开关，最后死在了傲慢里。谦虚才能心境平和，识人长处；谦虚才能学以致用；谦虚才能礼贤下士，用好人才；谦虚的开关未打开，则成长、贵人、人才、成功，都很难降临。毕竟每一个怀才不遇的果，都有一个恃才傲物的因。

其二，感恩的开关。没有感恩，就很难得到别人的第二次帮助，也很难得到第二个人的帮助，因为白眼狼谁都会怕。说到感恩，我们认为，没有人生下来是欠我们什么的，不帮是本分，帮我们则是恩情。而人们往往更喜欢在得到正面回应的事情上追加投入。所以，我们对别人的哪怕一个微笑，都要怀着感恩之心来对待。越感恩，越得助。

其三，销售跟营销的开关。销售跟营销不太一样，销售倾向于实战，营销则比较倾向于宏观策略，作为领袖更适合学会营销布局，作为员工则可以学会销售，所以要打开销售跟营销的开关。21世纪，产品是基础，销售模式是关键。

其四，情绪调整的开关。众所周知，大部分人都是情绪的动物，差的情绪很难创造出好的结果、好的人生！生命的品质等于情绪的品质。成功的速度等于情绪调整的速度，卓越领袖处理自我情绪以至调整团队情绪的速度都是很快的。何况，没有人是不受伤的，高手比的是受伤后复原的速度。某种意义上来说，领导力即影响团队情绪的能力。

其五，领导力的开关。如果领导力的开关没有打开，身为企业的高管或者创办人，你就只能利用自己的时间精力和体能，而没有办法好好运用团队的价值。一个优秀的个人是"用好自己"就足够了，而一个优秀的指挥官应该是充分地动员整个团队的潜能。如果不是这样，不仅自己做得很辛苦，失去自己的个人时间，而且团队战果也不会理想，毕竟你自己一个人的战斗力总是有限的，而团队中优秀的人其实是期待自己有绽放光芒的时刻的，那样他们不仅可以获得战果，还可以获得荣誉和成长。而缺乏领导力的人却无法做到这样的结果。不仅辛苦战斗，结果还不理想，甚至因此而丧失他的锻炼身体时间和陪伴家庭时间……

篇末寄语

亲爱的读者，既然打开开关如此重要，那么为了美好的人生，不如让我们按照自己的现状和梦想尽量打开各种开关，并熟练运用各种开关的打开技巧，则无论打开自己的开关，还是打开他人的开关，都是为了解决沟通效率与沟通效果的问题，也能激发自我与他人的潜能。祝愿各位谙熟打开论，赢得开挂的人生。

感恩的开关，学以致用的开关，领导力的开关，资源整合的开关，与人合作的开关，情绪调整的开关，资本思维的开关，两性关系的开关，互联网思维的开关，沟通与演讲的开关，销售能力的开关……这些开关在我们的生活和事业上都是非常重要的。假如现在请你圈出三个，对你而言，目前最急需打开的开关会是哪三个呢？如果这三个开关都被你成功地迅速打开了，对你的生活和生命会有怎样的帮助呢？如果这三个重要的开关你持续无法打开，对你的人生会有怎样的负面影响呢？我想分析清楚这几个问题，你人生的下一步，一定会更清晰、更精彩。

第九章
状态论

水平是基础,状态是关键。

——自题

为什么水平很高的选手，在比赛中也会因发挥失常而败北？

为什么人们参加了很多的业务培训，成绩常常还不是很好？

为什么很多公司的团队学了很专业的战术，可往往还是会打败仗？

为什么时不时会有新来的销售员业绩超过资深老将？

……

本章，我会跟大家一起来探讨内因中的水平与状态的关系。

因为很多时候，人们只注重技能、业务和战术的学习与培训，而忽略了人的状态的重要性。事实上，状态对结果有着巨大的影响力。

比如说体育比赛，就有正常发挥、超常发挥和失常发挥三种常见情况。那么发挥得好与坏是由什么决定的呢？其实这些都是由状态决定的。

我们经常听到比赛或者考试发挥失常的说法，其实那就是状态不好。所以，如果一个人不懂得状态的重要性，可能他发挥失常的概率就会很高。毫无疑问，我们当然要追求正常发挥，甚至超常发挥，而不是发挥失常。这里面也是颇有学问的。

1. 水平是基础，状态是关键

很多人之所以多年来既无成就又无成长，是因为他们在结果不太好的时候，总是抱怨外因。抱怨时代不好，抱怨环境不好，抱怨经济背景不好，抱怨行情不好，抱怨家庭不好，抱怨老师不好，抱怨学校不好。游泳不好的，抱怨泳池不好；烧饭烧煳了，抱怨锅不好……

决定事物发展的，无非就是内因和外因。但是，外因是我们自己掌控不了的，所以说抱怨外因并不会让结果变好，甚至也不会让你成长，所以还不如调整内因。我们既然不能左右外因，那么再把大量的时间和情绪浪费在抱怨外因上，就没有意义了，我们应该把焦点锁定在研究内因上。而内因当中最主要的两个构成因素，就是水平和状态。所以，我们更值得把时间花在改善内因的这两个板块上。

如果在外因不变的情况下，内因中的水平和状态两个构成板块变强了，总结果也会变好。水平是基础，状态是关键。正是水平＋状态的合作打造出了结果。若从形成的所需时间来说，水平是要靠日积月累才能形成的；而状态跟水平最大的区别，就是状态可以在瞬间作出调整。

一般而言，水平没有办法瞬间改变，而状态就不一样了，不仅可以在一天之内改变，甚至可以在瞬间改变。可能在一秒钟内，一个念头就可以让你热血沸腾，或者一个念头可以让你万念俱灰。

比如士兵在临战时刻，敌人已经来了，武功好不好，枪法好不好，都已经没办法选择了。你不能跟敌人说："你等会儿，我水平还没练好呢。等我练好了，你再来跟我拼刺刀吧！"所以迎战时，或者任务来临时，你执着于水平没有用，水平好坏高低，已经就那样了，着急上火不起任何作用，可能还起反作用。这个时候状态更关键，你唯一要做的就是快速调整状态，唤起自己最大的潜能，然后全力以赴。

在水平恒定的前提下，状态不好，就会发挥失常；状态正常，就会正常发挥；状态超好，就会超常发挥。这样看来，训练快速调整状态的能力确实至关重要。

当然，没有水平作基础，状态的发挥也会变成空中楼阁。比如说，一个没有经过训练的普通人要去找武功高手过招，就算是状态再好也是要挨揍的。因为基础水平差得太远，什么状态也补救不了。

既然说水平是基础，那么我们平时可以练习技术能力，扎扎实实地积累本事，提高水平。在没有客户的情况下，你有时间补充业务知识，修炼业务水平，跟高手同事探讨交流成败案例心得。而有客户来了，你在服务客户、成交客户的时候，状态更关键。

因为状态不好，会影响你的水平发挥。所以，如果你公司的某个销售员，上个月还是前三名，到这个月就"倒数"了，通常销售者是越来越有经验，所以一般并非水平问题，而是要关注他的状态。销售员的水平属于经验、口才和技巧方面的知识智慧积累，通常不会突然之间出现逆转，所以此时跟他讲水平意义不大。

实际上，服务业的很多问题是出在状态上，比如懒散、找借口、消极冷漠或者缺乏合作精神等。水平培训大部分的组织都有，但从动能上，真正持续性推动组织进步的，恰是状态唤醒，是思想动员。

【叶俊的小故事】

某地有一家五星级酒店，跟叶俊合作过几次，因为业务的关系，叶俊跟酒店的销售经理是微信好友。这位销售经理常在微信里抱怨现在生意多难做，客户多难找。

叶俊就问他："你们公司有没有经常给你们进行培训呢？"

他说："有啊，经常培训，我们培训很多的。"

那叶俊就很奇怪，经常培训，为什么生意还差？于是立马问他："那一般培训什么内容呢？"

他说："就教我们那个专业知识啊，都是国外请来的酒店管理的专家，教我们怎么打扫，怎么护理，怎么叠被子。"

这些东西是基础，这些对于他们那样的酒店应该不是问题。一个酒店生意不好，问题可能出在人脉关系上，销售不好，对老客户管理不好。叶俊曾经在那家酒店住了好多次，酒店却从来没有给他打过一个维护电话，没有人主动要他微信，也没有人给他介绍会员政策，没有人给他快递过一张贺卡，小礼物就更不用说了。而他们却在培训被子怎么叠！这已经99分了，你再努力，顶多也就1分的进步空间。可是状态呢？也许才30分，却是被忽视！水平与状态的偏斜可见一斑。

那么，缺乏状态的水平是什么呢？是惨遭浪费。你辛辛苦苦把水平练到这么专业，结果实战的那一天状态不好，你的专业优势就不见了。

所以，任何战果，水平是基础，状态是关键。水平是要日积月累的，状态是可以瞬间改变的。平时重视修炼水平，战时着重调整状态。

2. 好的状态可以做水平的放大器

不管是开公司，还是开门店，或者是开展销会，不管是老员工还是新员工，如果客户已经朝你走过来了，这时候销售员犯怵有意义吗？后悔自己原来没有好好学接单，现在这个单子接不了，还有用吗？

这个时候，你要坚信，无论如何你都比客户更专业。这个时候，你唯一要做的就是，有意识地快速调整状态，进行正确的、有力量的自我暗示。好的状态，可以弥补你的水平，甚至让水平超常发挥。迅速挺拔身姿，步伐有力，表情自信，动作娴熟，热情地迈向客户。你热情自信的程度几乎等于客户对你的第一印象的信任度。

【案例直击】

1585年，在浑河南岸，努尔哈赤率步骑五百，征讨哲陈部。当时洪水泛滥，行军困难，努尔哈赤遂令众兵回寨，只带八十人继续北进。努尔哈赤所派侦察兵未能及时报告敌情，他突然发现，自己面前的是哲陈部八百敌军。

如果是一万人面对十万人的话，打起仗来只要用兵得当，将略过人，还有希望取胜。而八十人面对八百人就不一样了，重量级的差别使得兵法在此时用不上，这更像是打群架而不是打仗，打群架讲究人多，打仗才讲究兵略。

怎么办？那就只有靠状态的临场发挥了。努尔哈赤率领八十人冲入八百敌军，结果敌阵岿然不动。怎么办？跑？岂能跑得掉！努尔哈赤横下心来率弟弟舒尔哈齐和两名勇士杀出包围圈，拈弓搭箭，连续射死二十多人，敌人大乱，纷纷渡河逃命。与此同时，他派人去报知援军。努尔哈赤待自己的四百余名部下赶到，竟然全歼八百敌军。

努尔哈赤创造了战争史上不可复制的奇迹。那么，他靠的是什么呢？显然是状态，瞬时把自己各种战斗素质提升到巅峰的状态！

谈到状态的临场发挥，就不能不说到项羽破釜沉舟的故事。

项羽率领主力过漳河，去解救秦军包围下的巨鹿。楚军全部渡过漳河以后，项羽让士兵饱餐一顿，每人再带三天干粮，然后下令把渡河的船凿穿沉入河里，把做饭用的锅砸个粉碎，这就叫破釜沉舟，表示他有进无退、夺取胜利的决心。

楚军士兵见主帅的决心这么大，就谁也不打算再活着回去。在项羽亲自指挥下，他们以一当十，拼死地向秦军冲杀过去，经过连续九次冲锋，把秦军打得大败。这一仗不但解了巨鹿之围，而且让秦军一蹶不振，两年后，秦朝就灭亡了。

有一个成语叫网开一面，在兵法里也有应用。就是在围攻城池的时候，并不把整个城池全部围住，而是会在某一面故意把兵力部署得薄弱一点。就是利用人们都有求生欲望的特点，觉得还有一条退路时，一般就不会全力以赴往死里拼杀。网开一面的作用，就是让敌方始终有一个逃跑的选项，那敌方的状态就是在自我纠结中迅速消散。选择死守，就会是百分之百投入的状态，甚至可以超常发挥。如果心里想着打不过还可以跑，作战状态当然要打折扣，就像有一个刺扎在那里一样，精神状态就会漏气。这就是状态调整的反向应用。

安东尼·罗宾说过："成功的速度取决于情绪调整的速度。"状态就像水平的杠杆，杠杆用不好，会毁掉水平；杠杆用得好，可以弥补水平。这就是在提醒大家，要注重日常的水平，还要有效修炼我们的状态。

从某种程度上来讲，状态在，一切都在；状态在，一切都还来得及。你看，刘邦"常常"打败仗，但总能够调整好自己的状态，最后打了胜仗。而项羽一次败仗打下来就自杀了。

所以说，调整状态的能力是非常重要的。我们不仅要学会如何创造成功，我们还要学会如何处理失败，这就涉及状态和情绪的调整。

3. 面对同一件事情，关键看你怎么定义它，定义决定情绪状态，而非事件

面对同一件事情，我们可以从正面来定义它，也可以从反面来定义它。而怎么定义它，就决定了我们的情绪。一件事情发生了，它本身并不会影响人，影响人的乃是我们对事物的看法。看法会产生不同的情绪，而不同的情绪显然会导致不同的结果。

【叶俊的小故事】

叶俊在高中的时候，一直在当地一家经营中高端酒类的商贸公司兼职。他高一暑假是踩三轮车送啤酒的送货员，当时老板经常会组织自己公司的促销小姐进行培训。促销小姐负责在各个大酒店或者包厢里，推销公司经营的啤酒。

公司教这些促销小姐如何跟包厢的酒店员工沟通，如何跟他们交朋

友，快速打成一片。因为旺季来临时，包厢就要靠这些人。培训内容还包括如何争夺舆论资源，巧妙地让负责包厢的酒店员工协助自己销售，如何一两句话让陌生人点你两箱啤酒，如何说对话让客人多喝酒而自己可以少喝或者不喝。

这样的销售主题培训课，要求业务部、销售部的所有销售相关人员必须参加，也欢迎其他部门有兴趣的同事旁听，但不做硬性要求。作为送货员，叶俊不是必须参训的人员。但是他觉得：这个培训很有用，可以学会交际，可以学会资源整合，可以提高说服力，从而得到成长，还不用交学费。按道理说，人家把这么厉害的心得经验拿出来，教你如何提高综合能力，教你如何赚钱，这些知识是有价的，要向你收学费才是。因此，他兴奋、感恩、珍惜。这些感受让叶俊很高兴地搬个小板凳，早早地去参加培训，恰如干了三年挑水砍柴粗活的小和尚终于有机会进达摩院与师兄们习武般兴奋！

培训多是安排在下午休息时间，或者晚上忙完以后，所以有的部门同事将之定义为"免费加班"，这些人的感受是"吃亏"了。在行为上，叶俊因珍惜而"加入"，有些人却因讨厌而"逃离"。在结局上，叶俊学到了很厉害的武功，很快就应用出了结果。后来他就转到了业务部，再后来他还做了业务经理，而因为把"免费培训"定义为"免费加班"，所以心生抵触的人，在任何行业、任何公司都是进步缓慢的。

因为定义不一样，所以表现出来的情绪完全不一样。有的人是讨厌、排斥，有的人是感恩、珍惜；有人是感到无聊，有人则是兴奋。结果，有人逃避，其实是逃避了成长的机会；有人参与，所以他们获得很好的能力提高。再接下来，原本在同一个起跑线的同事，命运的差距就开始越拉越大。

所以说，当你的状态不好时，很有可能是你的定义系统出了问题，一个人如果用短浅的、负面的、阴暗的视角去定义，好事也会定义成坏事。如果这么好的事你都能够定义成坏事，那何况本来就是坏事呢？那还不得定义成坏透顶吗？

所以说，改变状态的第一要务，是学会积极定义。例如把"痛苦"定义成对未来的启发，更能让人痛定思痛，得到智慧！这不是阿Q精神，阿Q精神光是盲目地自我安慰，并不影响结果，而积极定义则不仅能带给人启发与能量，还能把事物结果带到积极面，优化客观结果。

4. 快速调整状态的3个"秘诀"

状态既然如此重要，那么怎样才能快速调整状态呢？其实有三大秘诀，第一，改变关注的焦点；第二，改变口中的词汇；第三，改变肢体动作。

第一，改变关注的焦点。焦点决定情绪，而情绪反映我们生命的品质。状态跟情绪是"孪生姐妹"。情绪饱满的人，状态就好。

有的人可能知道孕妇定律。所谓孕妇定律就是：当你自己是个孕妇，或你家里重要成员中有孕妇，你活在孕妇这个焦点里面，你走到大街上，感觉随处都能遇到孕妇。实际上不是孕妇变多了，是因为你关注了这个焦点，你就活在这个焦点里。

当你自己和家庭成员与孕妇、怀孕这个话题完全不相干的时候，你看到的孕妇就很"少"，并不是孕妇真的变少了，而是你不再关注这个焦点了。可以说焦点即世界，你关注什么焦点，等于你活在什么样的世界里，焦点决定情绪。

【案例直击】

在李连杰主演的电影《太极张三丰》中有一个张三丰变疯之后如何被启发的情节：

郊野，满是绿油油的草木，阳光普照，景色怡人。秋雪姑娘让张三丰出来晒太阳，呼吸新鲜空气，但是张三丰说怕被太阳烤焦。

秋雪：不会的，这大地的一草一木都有它自己的生命。这棵树虽然枯了，但是另外一个新生命又开始了，你也可以这样啊！（这里新生命即新焦点，已经在启发）

这时，附近某小伙通知樵夫他媳妇刚生了，让他赶快回去。但是樵夫还无意识、习惯性地想把重重的柴火带回家，边嘟囔着不知该给孩子取什么名字，边负重蹒跚前行。

小伙（不耐烦地）：哎呀，你背这么大担柴怎么走啊？孩子还等着你回去抱呢，你赶快把柴放下来吧，真是贪心哪！

柴夫：呃！对呀，对呀。快走啊！说着卸下了沉重的负担，一路轻快地撒着欢跑去，反而跑到传信小伙的前面去了！

张三丰（若有所悟）：放下负担，奔向新生命。

秋雪：是啊，希望他能很快到家！

张三丰：放下负担，奔向新生命。放下负担，奔向新生命。放下负担，奔向新生命……（镜头转向那棵枯树，嫩芽抽出，充满生机，新的生命开始了）

张三丰背负了过多的包袱，焦点放在痛苦、杀戮、仇恨、阴谋、背叛、欺骗上，让他变疯。但当他放下这些所有不好的东西，焦点得到转移，他由此变回青年才俊。

【叶俊的小故事】

有一年，叶俊去迪拜演讲，拜访了一位老同学。这位老同学是当地华人旅行的地接方面的领导人，已经在迪拜生活了十几年。

那天，这位同学就开着车来接他去聚餐，但是好像心情不好，他没有直接发问。他不想把谈话焦点锁定在对方的烦心事上。叶俊觉得，要快速调整这位同学的状态情绪，就要改变其关注的焦点。

叶俊说："你在迪拜奋斗了十几年，其间最让你有成就感的是什么事呢？"

同学回答说："这个，我得想想。"这就代表她已经开始转移情绪焦点了。如果此时叶俊问她心情不好的原因，她就可能谈到烦心事，很难走出负面情绪来。

这位同学说到有一年整个迪拜旅游行业遭遇寒冬，但是她的业绩破了行业纪录，她所在的公司也因此受到了迪拜王室的表扬，还被当地最权威的旅行杂志采访，她也因此成了商业杂志的封面人物。

人在讲自己光荣事迹的时候，难免会眉飞色舞，情绪也会越来越高，因为她的注意力回到了令他兴奋的焦点上。

叶俊表示钦佩："哇！你这么厉害啊！"然后还说："我还发现你另外一个优点。"这位同学就问是什么优点。

叶俊说："你是一个非常低调的人。如果是我做出来这么厉害的事情，我会一见面就告诉你的。而你却这么低调，我简直对你刮目相看了！"

这位同学哈哈地笑了，整个人情绪瞬间就变得非常好，一路上都谈笑风生。

如何快速调整情绪状态？就是按钮按下去，改变关注焦点。如果是不可逃避的问题，我们就要解决问题。但是很多时候影响我们情绪的，不是那种真正逃不过的事情，而是一个可有可无的焦点而已，是人们自己的执念而已。

很多时候，人们并非被大是大非、大灾大难给破坏了情绪，而是被鸡毛蒜皮的小事破坏了情绪。正因为琐碎，事情规模小，所以频率会很高，如果我们高频率放错焦点而导致不断破坏情绪品质，可想而知对生命品质的破坏力有多大。

当我们学会更换焦点时，就可以很快地调整好自己的情绪。我们不仅可以学会瞬间调整自己的情绪，还可以学会瞬间帮助别人调整情绪。

第二，改变口中的词汇。任何事情凡是用"我"字开头都是在做深度的自我确认，你是在跟自己说话。

"我好快乐""我好着急""我好像没信心"等都是在做自我确认，因为：我口中所说的版本就是我的未来。

口中的词汇能改变你的能量场，所以改变口中的词汇，你的能量场就会完全不一样。

举例，有一个神奇的字供你参考，若能融入你的大脑，只要是适合的场合你脱口而出这个字，坚信你用好这个字，你的命运都会发生神奇的改变，这个字就是"哇"。"哇"是代表快乐，代表认同，代表正能量的确认，常常可以营造好的氛围。

当你看到任何美好的事物或者人的时候，从内心对那个事情或人发出"哇"的赞叹，这个时候你生命的个体跟那个美好的事物或人就产生了联结，当美好的事物或人感受到来自你的"哇"，也会产生更多动力。

那个"哇"字，会把你这个人跟你羡慕的对象联系在一起，好比一个女人看到另外一个女人的身材很好，皮肤保养很好，很有气质，假如这个女人开口或内心对她发出"哇"的赞叹，从此就会不断吸引这个女人逐步靠近，乃至达成那份渴望中的美好。

因为她心里有一个标杆,这个"哇"所表达的就是羡慕:我要是这样该多好!这就会成为她的方向和动力。

【案例直击】

秦始皇出巡的时候,在楚国的道路上,道路对面有两个人,偷偷跪在那里瞄皇帝。其一是刘邦,刘邦看一眼那个秦始皇出巡的架势,心里暗暗感叹,嘀咕了一声:"大丈夫当如是也。"当时他不过是一个小小的泗水亭长,那句话就成为他人生的动力。

还有一个帅气的年轻人,抬头看到秦始皇的威仪,内心发出一个声音:"彼可取而代之也。"这个人就是项羽。虽然项羽后来被刘邦打败了,但是也不愧是人中龙凤,一个没落贵族、游荡江湖的小子,却也能成为西楚霸王,而且亲手灭了秦朝。不管最终成败如何,他也是千古留名了。

刘邦和项羽的感叹,表达的就是一种羡慕的力量,如同说声"哇"一样!

如果面对孩子画的画,纵然有各种各样的不足,你可以对孩子说:"哇!不错哦,要是结构调整好会更不错的。"小孩子听到后,会得到推动自己的力量。

如果孩子的成绩有进步,你同样可以对此说一声:"哇!成绩又进步了,再加把油一定会更好。"赞美当前,鼓励未来,都能增进亲子关系。

对于你的伴侣,有任何积极举动,都可以在言语上给予正面回应。"哇!你做得好棒!我就喜欢你这样。"当我们用词汇积极回应的时候,一定更有利于促进夫妻的和谐,增加彼此的幸福感。

对于你的员工,有积极作为时,如果你予以认同和赏识,同样可以说:"哇!这件事做得很好。"

儿媳妇夸奖婆婆做的菜，她会做得越来越好吃，而且会更疼儿媳妇，还要向别人炫耀婆媳关系处得好。通常对婆婆越挑剔，结果越糟糕。摧毁关系最常见的"武器"就是日常积累的语言暴力。

总之，改变你口中的词汇，就会产生不一样的效果，你的人际关系和团队建设都会发生神奇的改变。当然，在说出"哇"的时候也要找对时机，才能收到神奇的效果。语言是情绪的放大器，所以我们要善用语言。

第三，改变肢体动作。改变肢体动作对调整状态是非常重要的，人在运动的时候，情绪能得到迅速的释放。不管你情绪好不好，你只要运动起来，情绪就会有所改变。当你的肢体展开的时候，会改善你的情绪。

有两个成语——昂首挺胸和垂头丧气。昂首，就是改变肢体动作，自然就会挺胸。垂头，自然就会丧气。所以当你状态不好的时候，你要有意识地调整你的肢体动作，借以改善你的情绪。

人的站姿、坐姿都会催眠自己，好的肢体动作会催生正面的、积极的行动和心理状态，而不好的肢体动作会催生负面的、消极的行动和心理状态。比如，员工表现出负面的消极的姿态，就会使他懈怠、放松、毫无状态，降低工作效率和积极性，业绩下降。业绩是能量状态的结果，能量状态不好，一切结果都不会好。所以，觉察自己的肢体动作是否有力量，是否充满精气神，对提升能量状态是至关重要的。

5. 调整能量状态的18个方法

第一个方法：写目标和看目标

我们都知道焦点决定我们的能量，你关注的焦点在哪里，你的能量就会集中运用到哪里。大部分人状态之所以该好的时候不好，是因为他动不动就把关注的焦点放在无聊的事情上面。正因如此，我们要把关注的焦点放在目标上面。当我们去关注自己的目标，尤其是去想象那些数字，想象那些实现目标的画面的时候，我们的能量就会快速回到我们的体内。

第一个办法：经常去写目标、看目标

而且我们的目标一定要有期限，一定要可量化，一定要有画面感，让你有热血沸腾的感觉。每当你快要没有能量的时候，就去翻看一下自己的目标，或者去重新写下自己的目标，你就会快速找到你的能量。

第二个方法：想象自己的使命和责任

很多时候，我们会放纵自己，找借口，偷懒，忘掉目标，这些都是因为我们没有想象到我们身上背负的重要责任。我们并不单单是为自己一个人而活，我们有爱人，有父母，有子女。侠之大者，更是为国为民。

当一个人总觉得只是为自己而活的时候，难免会有一些懈怠心，总觉得"我的生命是我自己的,我爱怎么样就怎么样"。但当你想到你年迈的父母,想到选择跟你共度人生的配偶,或者想到你可爱的宝宝,你觉得你应该给他们怎样的生活呢?要怎样给他们满足你当初许诺的幸福呢?所以这个时候,你就会能量倍增。因为你会体会到你没有退路,你的青春正在一天天地减少,如果你现在不去实现,到后面会越来越难以实现。每当你想到你身上有这些爱和责任的时候,就可以帮助你唤醒自己的能量。

第三个方法:联结自己爱的人

在你的生命中,肯定会有你爱的人,包括你的父母,你的爱人,你的孩子,甚至是你暗恋的对象,或者你正在交往的男朋友、女朋友或者你崇拜的人。总之,你内心一定有一个或多个你爱的人。当你联结到自己所爱的人,就会找到能量,会快乐,会充满动力。

【叶俊的小故事】

十几年前,有一次,叶俊在某一个城市做指导老师,当时感觉压力好大,甚至产生了放弃、改行的念头。那个时候,他觉得自己陷入了能量低谷,于是想给他的父亲打一个电话。当他给他父亲打电话的时候,他联结到了他爱的人。他的父亲在电话里面安慰他,鼓励他,给他加油。当时叶俊就明白了,自己没有任何背景,没有任何资本,有的只是青春。如果放纵自己的青春,做一个遇到困难就退缩的人,那自己这辈子不要说改变家族命运了,可能连个人的命运都改变不了。他一下子能量倍增,信心满满。

所以,当你缺乏能量的时候,你就去跟你爱的人做联结,包括给他(她)送礼物,通电话,谈心,用餐,散步,你的情绪也一定会迅速地变得非常棒。

第四个方法：运动健身

人会偷懒，是因为整个生命的生理机能在下降，不再那么活跃了。如果一个人经常懒散、偷懒，其实就说明正在快速地衰老。当我了解到这个真相的时候，真的吓了一跳，因为我觉得自己很多时候也是这样。所以，我决定要增加运动量。每一次当我做完运动的时候，都倍感有活力，很兴奋，很有力量，甚至充满激情。所以经常去运动，是我们调整状态非常棒的一个方法。

第五个方法：学习成长

很多时候我们没有能量，可能是因为这个事情搞不定，那个事情没有思路；一个事情让人很彷徨，那是因为事情的复杂程度超过了我们大脑的知识储备量和处理事情的能力。如果这个情况不能得到改善，那么很可能接下来的压力会越来越大。

时代在往前发展，新入职场的毕业生和参与创业的年轻人会越来越多地给我们增加压力，因为他们天然的知识功底、教育水平、创造性都可能比我们更加优秀。如果我们停止学习与成长的话，不仅不能逃避压力，反而压力会越来越大。所以说，只有学习成长可以让我们驾驭目前和未来所面临的挑战。

当我们长期没有学习成长的时候，我们在内心里知道我们正在跟同行、伙伴、朋友甚至时代脱节，就会产生匮乏的感觉，潜意识会告诉我们可能落伍了。反过来，坚持学习和成长可以让我们在内心里给自己加分，使自己越来越有信心跟底气，而且能够解决更多的实际问题。

第六个方法：开发新的技能

这个跟学习成长非常类似，但是开发新的技能是指比较具体的技能，比如说一些很棒的办公、学习、招聘、社交以及客户管理系统等软件的使用。

我们在面对新鲜知识和技能的时候，往往会告诉自己：哎呀！太麻烦，太琐碎，一想头都大。其实，越是躲避，越是跟时代脱节。而当你学了一个新技能，并且派上用场的时候，你会发现科技带给我们的改变和进步真的是非常强大的，我们办事的效率会提高，心情也会变好，也会得到鼓励。所以，学习新技能、运用新技术，这是非常棒的一个提升能量和状态的办法。

第七个方法：打扮自己

一个人一般每天都会照镜子，都会在视觉上传递给自己一个信息：我是精神的、精致的，或者我是邋遢的，甚至颓废的。

一个人如果蓬头垢面地就出门，没有打理发型、妆面、配饰、服装，从某种意义上来说，他其实就是不尊重自己，不重视自己，或者不看好自己，是一种自我放弃的表现，当然也不在乎别人对自己有怎样的看法。如果这种状态长期存在的话，他很可能会越来越没有能量。所以说，打扮自己也是提升能量状态的好办法。

第八个方法：与正能量的人在一起

实际上，我们每天都活在能量当中。月有阴晴圆缺，人有悲欢离合。人总是受情绪影响的，不仅受自己情绪的影响，也受别人情绪的影响。我们如果长期跟负能量的人在一起，不仅不能增加我们的能量，还要消耗我们的能量。

因为每个人的时间都是有限的，也是宝贵的。如果我们很长时间都被负面情绪左右，那么我们的生命不仅被浪费，而且会失色。我们一方面应该学会调整自己的情绪，另一方面要多与正能量的人在一起，以提升自己的能量状态。

第九个方法：与比自己强大的人交流和相处

如果经常能够跟比自己强大的人在一起，跟他们交流学习，甚至只是观察他们，就可以学到很多有用的观念、想法、技巧。更重要的是，当你看到身边的人都在进步，你会对这个世界以及未来越来越充满信心。

有的人总是愿意跟比自己差的人在一起，因为可以满足一下自己的虚荣心并且继续默许自己躺在舒适区。但时间久了，就会发现这是在浪费自己的时间、精力和潜能，使自己宝贵的生命资源得不到很好的开发和利用。而只有与比自己强大的人交流和相处，才可以学到更多的知识，带给自己更多的希望，使自己在很多方面得到灵感。

第十个方法：听有正能量的音乐

音乐可以穿过左脑直接到达右脑，它不需要我们理性的同意，直接会影响我们的潜意识，而潜意识的力量是无比强大的。如果我们年轻人经常泡在颓废的靡靡之音里面，那么我们的世界观、我们的能量肯定都会受到影响。

但是不少所谓"优美"的歌曲，其实歌词的内容常常是负面的，只能提供负能量。所以我们在选择优美的歌曲时，应该选择那些又优美又有智慧，也就是歌词正面、有正能量的歌曲。

最可怕的就是"错而美"的文艺作品。因为负面的歌词剧情内容会误导人们，但是优美的旋律则会吸引人们，让人们因此而被负面歌词影响。《东周列国志》中师涓、师旷对琴的故事，楚霸王"四面楚歌"的故事，以及抗战年代革命先辈创作的诸多正向价值观歌曲，对激励民心、士气的作用，等等，音乐对人心的影响，古已有之。清朝史评价说"错而美"的文集作品是"蜜饯砒霜"。所以，我们为什么要沉溺于负面能量状态呢？

第十一个方法：创造好的结果和画面

很多结果都是我们自己创造的。与其说你遇到了谁，不如说你吸引到了谁；与其说你身上发生了什么事，还不如说你自己创造了什么事。因为我们是自己时间、精力与能量的主人，也是我们生命的主人。选择用什么状态，跟谁在一起，做什么，说什么，这些全部都可以由我们自己来决定。

我们可以用有限的生命创造更多的快乐，做更多的事情，而不是相反。所以，我们可以有意识地去创造很多好的结果画面，包括跟爱人一起购物、健身、买菜做饭、做家务；与孩子一起阅读；拜访大客户；与好友家庭聚会；与团队并肩作战、开庆功晚会……

无论喜悦或沮丧，感恩或抱怨，释然或愤怒，事实上，情绪是一种选择，剩下的只是自我合理化的借口。我们可以有太多的办法创造美好的情绪，带给我们非常棒的正能量。

第十二个方法：用努力的状态来感动自己

很多人内心都渴望自己是优秀的，也渴望自己是成功的。但是，却很少人用实际行动去创造这些结果。时间久了，很多人会暗自活在自责里面。他们会觉得：唉！一天又一天过去了，自己一点收获都没有。虽然这是他们自己造成的，但是他们还是在刷微信、玩游戏、看无营养的视频，难以从这些事情中摆脱出来。甚至有些人就是通过这种方式来缓解焦虑，也许潜意识里他们不舍得这一天就这样毫无价值地过去了。

与其这样，还不如用好时间，去创造好的结果，用努力的状态来感动自己。比如很晚的夜间，你与其在那里看无聊的视频，不如写工作心得，不如看一点对你的职业生涯、心态建设有帮助的文章或者书籍。哪怕偶尔这样，哪怕一个礼拜只有一次这样的画面，相信创造这样的画面也足以感动你自己。因为你内心里知道，即使是这样，过去的你也做不到，而且你知道很多人也没有做到。所以，你一定会非常"自豪"。而你"自豪"的这股力量，足以给自己打气，让你感动，改变你的能量状态。当你对自己狠一把，你就会敬佩你自己，同时能量会迅速回到你体内。

第十三个方法：正面的自我确认

因为我们一开口就是在介绍自己，不是在介绍过去的自己，就是在介绍全新的自己。我们用"我"字开头，就是在做深度的自我确认。而这些自我确认，不是正面的就是负面的。

有道是，关于未来的一切都只是谎言，但是谎言会成真。所以，与其动不动就自我否定，自我诅咒，还不如给自己打打气。告诉自己一定会创造更美好的未来；告诉自己大客户正在等待你去联系他；告诉自己你的同事很支持你，你的老板看好你。既然关于未来的一切你都还不知道，还不如给自己一个正确的有能量的暗示。

第十四个方法：对经历有正面的感悟和定义

伟大的哲学家叔本华说："事物的本身往往并不影响人，人们往往只受对事物看法的影响。"对过往的很多经历，人们由于思维模式不一样，所给予的定义也不一样。影响你的心情、状态、能量，甚至你未来活法的，不是过去在你身上发生了什么事，而是你到底给这些事情下了怎样的定义。

如果你把事情定义成是有人伤害你，你就是受害者；如果你把事情定义成灰暗的，那你很可能就会悲观，而长期悲观就容易使情绪受伤。总是怀疑别人、提防别人，就会使自己活成孤家寡人，自然不容易吸引到美好的爱情，不容易获得很棒的好朋友，也不容易吸引到大客户，连现有的好运气也会被糟蹋掉。而当现有的好运气被糟蹋掉的时候，又会说自己是苦命的人，好像别人都是针对自己的，所以"男人没有一个好东西，女人没有一个可靠的"。这样下去，就是往复不断的恶性循环。不管这个人有多漂亮、多帅气、多聪明，恐怕都难逃悲剧人生。

其实，很多事情都是因为我们赋予的负面定义而变坏的。即使是那些真正伤害了你的人和事，在伤害的背后也一定可以总结出智慧、经验、教训。比如一个销售员去接待客户，成交了赚到利润，不成交则可以赚到智慧，何亏之有呢？如果你能够正面地吸取能量，去感恩那些事情教会你的一切，去公平地评价它们，而不是单单责怪这些事情带给你的伤害，你也可以从中获得成长。如果你能够这样去重新定义，当然还有很多很棒的定义方式，相信你的未来一定会充满更多正能量，更加幸福快乐。当你的正能量良性循环的时候，那么更多美好的人、事、物就会闯进你的生命当中。

第十五个方法：联系客户，并聊得很开心

不管你从事什么行业，客户显然都是很重要的。大家都知道，时间花

在哪里，成就就在哪里。如果时间花在客户那里，成就必然显现在成交率、成交均价、复购率和转介绍率上。

当大家都在高喊产品为王的时候，我们说产品固然重要，但是客户也非常非常重要。举例说，我曾经有段时间买了大量花卉布置办公室，但是结果却非常令人失望，因为我没有养好这些花卉。虽然卖花的非常懂得怎么养花，但是他们却不知道我们这些买花的外行是多么需要具体的指导。这就说明，卖花的虽然爱他的产品，却不爱他的客户。因为隔行如隔山，作为外行不明白的地方实在是太多了，可是卖花的店家几乎从来不联系我。这让我认识到，其实客户至少跟产品一样重要，我们不能光停留在自己的产品上，执着于"自己产品好"的这个点上，而放弃对客户的照顾。其实，我们经常去联系客户，会加深感情，至少可以建立客户对我们的信任度并帮助客户建立起消费的乐趣与成功率。

我们相信一个定律：客户对我们的信任程度，与我们花在客户身上的时间是成正比的；而客户对我们的信任程度，则与他们在我们这里的消费额度成正比。所以，当我们花大量的时间跟客户交流的时候，我们会获得支持、能量和喜悦的状态。

第十六个方法：与团队沟通，并且鼓励和赞美同事

我们任何一个在职场中工作的人，每天接触最多的就是我们的同事。那么在同事当中的我们，到底是怎样的精神状态？到底是快乐的还是无聊的？是激情的还是萎靡的呢？

其实，能量是可以创造并且流动的。我们与其被动地等待，还不如主动地创造。如果被动地等待，那就失去了主动权，就像一台电视机被别人手里的遥控器左右着，自己根本没有自由。把遥控器拿在自己手里，不仅

可以定制自己的情绪，还可以影响到他人的情绪。

当然，把遥控器拿在自己手里，是为了给自己定制一个正能量的状态跟情绪。并且如果你愿意，还可以拿这样一个情绪去带动和感染到其他同事，让爱与能量流动起来。当你在给予他人事物的时候，意味着你在这个方面是富有的。所以当你鼓励和赞美其他人的时候，真正获得幸福、快乐和能量的反而是你自己。

第十七个方法：给自己奖励和礼物

能量是会放大的，情绪是可以酝酿的。坏的情绪可以酝酿，好的情绪同样可以酝酿。比如我们看一部电视剧，听到一个故事，或者自己身上发生一个小插曲，都可以酝酿出坏的情绪，或者好的情绪。

如果是坏的情绪，哪怕一开始尚不严重，可是酝酿着酝酿着，我们就可能把自己带进坑里。以至于时间过去很久，你还越想越伤心。也就是说，情绪可以自己酝酿出来，并且可以由小变大。

如果把我们的能量分为 0 分到 100 分表现出来，0 分是什么状态呢？就是自责的状态，自我否定的状态。我们说，一个人可以自我检讨，但是不可以经常地自责，因为自责的时候是非常没有能量的。我的老师安东尼·罗宾说过，"自责的时候，人的能量状态是最低谷的，甚至比仇恨、比愤怒、比嫉妒、比彷徨、比无聊都要缺乏能量"，这非常有道理。所以，如果有一件事情做得不够好，你吸取教训，下次重新做好就可以了。你要做的是吸取能量跟教训，让自己成长，而不是自责。

那么 100 分是什么状态呢？就是发出胜利的欢呼声，也是最高的能量状态。当一个人发出胜利的欢呼声时，他的体能最强大，他的精力最旺盛，他的能量状态最佳。为什么从小到大，凡是当我们表现好的时候，大人们往往都会鼓励我们？尤其是专业的教育机构，比如说学校对于表现好的学生，不管是道德、体育、才艺还是综合表现好的，都会有相应的证书，还有奖状、奖项、奖品、奖杯。为什么要这样呢？这就是对我们的努力进行确认。这种确认会带给我们一个正面的暗示和信号，让我们继续好好学习，天天向上，这就是奖励的力量。

在现实生活当中，其实我们也经常能够取得大大小小的突破。不要小看这些突破，其实每一次都是给自己打气，给自己正能量，让自己飞得更高，走得更远。而适时的自我犒赏，无疑是生命中美丽的仪式感，是征途中的能量加油站。

值得注意的是，我们不要把"规则"定得太高，不要指望对目前阶段而言不切实际的"奇迹"。如果有一个好久不联系你的客户，今天突然跟你联系而且聊得还不错，这就是奇迹。你可能一天都没有开单了，到晚上的时候又开了一个单子出来，这就是奇迹。你可能好久都不曾学习了，今天居然给自己买了一本书，并且一口气看了5页或者10页，这其实就是奇迹。就像一个广告说的"为小胜利而喝彩，为小胜利而欢呼"。哪怕是一盒方便面打开来，里面有一个卤蛋，其实也是生活当中一个小小的惊喜。

如果你能够把获得好体验的标准降低，连这些小事情都能够给你创造喜悦的心情的话，我们相信你将高频率地生活在喜悦、惊喜、快乐和正能量当中。并且形成人格魅力，从而带动他人喜欢你，同时他们因受你的影响，也活得快乐而有正能量。同时，也能积跬步而至千里！

第十八个方法：放下借口，承担责任

人非圣贤，孰能无过。任何人都会犯错，但是对待犯错却有三种态度。其一，忽视、逃避、假装没有发生过。其二，寻找借口，推脱责任。其三，勇敢地站出来，承担责任。

大家不妨思考一下，如果犯错误的不是别人，而是你重要的人，比如你的搭档、伙伴、亲人，你希望他是哪种人呢？相信所有人都会选择第三种人。如果事情都已经发生了，明眼人都能看明白责任在谁那儿。他如果要去逃避，或者找借口的话，会比错误的本身更可怕。因为事情做砸了也就一次，如果面对做砸事情而不承担责任，那可能后面不靠谱的事情就会发生无数次。

所以说，有责任一定要承担。如果逃避责任，你心里是非常痛苦的。当你在找借口逃避责任的时候，等于是在告诉自己：我是一个不勇敢的人，我是一个油滑的人，我是一个没有责任心的人，我是一个懦弱的人。如果你经常这样，那会带给你正能量吗？那会带给你成长吗？那会带给你别人的喜欢和信任吗？肯定不能。

所以说，与其忽视、逃避、找借口、推脱责任，还不如站出来说这件事情我是有责任的。请记住，真相让我们解放，让我们找回能量，而真相就是我们勇敢地站出来告诉他人：这件事情我是有责任的。当你说出这句话时，你就是用实际行动告诉了别人，同时最重要的是，你证明了自己：你是一个有责任心的人，你是一个敢于承担责任的人，你是强者，你是拥有宽广胸怀的人。这样的行动，会带给你强大的能量，并且也带给你非常好的支持率和人格魅力。越逃越弱，越扛越强。

篇末寄语

亲爱的读者，也许你会有同感，我们所面临的所有问题的本源，核心都在于整个人的生命状态。而人在顺境中，状态自然不会差。可是人生不如意事十之八九，不受外在因素影响而保持好的状态，做自己情绪的主人，才是真本事。这也就是我们本章研习之重点！

第十章
重生论

在活着的时候，活出全新的自己。

——自题

为什么有的人一生都在得过且过，有的人浅尝辄止，而有的人却能一生不断创造辉煌？

为什么有的人一直浑浑噩噩，而有的人则总是意气风发？

为什么无志之人常立志，有志之人立长志？

就像一艘航船，有目标的航船才有方向和意义。有方向的船是在征途，没方向的船只是在漂泊。

按照宗教轮回观，人死后可以重新投胎，这是宗教意义层面的重生。父母把我们带到人世，只是给了我们一个自然属性的生命，而没有人生目标的生命无异于没有方向的航船。如果我们给自己的生命设定一个目标，也包括重新设定目标，就可以活出全新的自己，这就是本章的"重生论"。

1. 有明确的目标，才能组织明确的资源

虽然很多人都在谈论"给人生设定目标的意义"，但是很多人没有真正理解目标的意义。如果你设定了一个可以使自己热血沸腾的正确的好目标，等于你开始了一个新的人生阶段，也相当于获得了一个重生的机会，这与投胎重生有什么本质的区别呢？

什么是目标？就是在渴望实现的期限内，你渴望达成一种全新的活法、愿景与高度。人生需要明确的目标，这样才能指引人生的方向，也才能让你知道做什么、怎么做。

第一，目标明确，才能知道如何配置资源。你如果今天没有目标，那么不知道今天需要做什么、怎么做。如果这个状态持续一辈子，就只能浑浑噩噩地过完一生。

人们的活法无非两种：一种是"先想好"，另一种是"再说吧"。"先想好"，就是有目标；"再说吧"，就是没目标。你今天有时间、体力、精力、资源，但是用来干吗呢？对于那些没目标的人来说，通常先偷个懒再说，睡个懒觉再说，玩一局游戏再说，看个泡沫剧再说……

如果是偶尔放松或者休闲一下，我们当然不会反对。如果你总是这样没有明确的目标，你就不知道应该如何对待你的资源：时间花在哪儿？精力花在哪儿？这笔钱花在哪儿？这个状态持续的时间越久，你越是荒废自己，越是颓废不堪。

第二，目标明确，才知道要去找谁。明确了自己的人生目标，你才知道需要找谁帮忙，你才能够去整合团队，吸引人才，结交贵人，拜对名师等。就像刘备要匡复汉室，那就要找到关羽和张飞，要找到诸葛亮，还要找到更多的文臣武将，才能实现宏图伟业。

第三，目标明确，才知道自己要去学习什么。

【案例直击】

五代十国时的王建，年少时被人厌恶，是个市井无赖，曾经以偷牛为营生。凑巧他姓王，排行老八，因此乡里人称他"贼王八"。但是王建称帝建立前蜀后，在蜀地劝农桑，促发展，让百姓安居乐业，重视和重用文臣，礼遇唐朝大臣的后代。他凭借着内部稳定以及蜀地的地势，和后梁对峙，颇有作为。

王建不仅崇尚兵法，而且敬仰和学习文化，文治武功都很不错。曾经的偷牛贼、市井无赖，为什么学习上了兵法和其他众多文化呢？我们可以理解为是屁股决定脑袋，他的职位要求他学习哪些知识。王建的目标是开疆拓土，长治久安，所以他才知道自己缺什么，要找谁，整合什么资源，补充什么知识。

第四，目标明确，才可以预防资源被兼并。假如有个人生活在农村，他打工存了8万元钱，但他没有目标，并没想好要用这笔钱做什么。但是他表哥有个明确目标，要盖房子，一共要10万元。表哥自己只有6万元，如果向表弟借4万元，一时这8万元处于"闲置状态"的表弟显然很可能不好意思拒绝。于是，他的资金就被别人占用了，什么时候还回来也不清楚。因为他没有明确的目标，所以他的资源就很容易被目标明确的人兼并。

再比如说，你正嗑着瓜子，看着连续剧，你隔壁表嫂说："我们家来贵客了，快来帮忙打下手吧。"你很可能就被喊去帮忙了，因为你没有明确的目标，所以你的时间和精力也很容易被有明确目标的人兼并。人的一生也一样，如果你有明确的目标，就会知道自己的资源该如何配置使用，自己资源不够还能去兼并他人的资源。而若自己没有目标，则这一生也只能为他人所安排。

当然，我们并不是说你不可以帮助别人。但是，如果你是一个有想法、有规划的人，那显然你的资源不应该总是被别人占用，否则，你自己的目标又怎么实现呢？

2. 有明确的目标，才能明确我们的人生意义

目标是人生航行中的灯塔，是我们各项资源的"总司令"。有了目标，人就可以容易地排除阻碍，勇往直前，向着成功前进。就此而言，一个没有目标的人生是很容易被荒废、虚度的。

哈佛大学进行了一项有关"目标对人生的影响"的 25 年的跟踪调查，调查对象是一群智力、条件等方面都差不多的年轻人。25 年之后，统计结果出来了：3% 的人有清晰的目标，长达 25 年坚持不懈，最后几乎都成了社会各界的顶尖成功人士；10% 的人有清晰的短期目标，他们大多生活在社会中上层，成了各行业的专业人士，如主管、工程师、律师、医生等；60% 的人目标模糊，他们能安稳地生活与工作，但都没有什么特别的成绩；剩下的 27% 的人没有任何目标，他们基本上都生活在社会的最底层，生活常常不如意甚至失业。

【案例直击】

世界著名的石油大王约翰·洛克菲勒年轻时，也曾有过一段无聊彷徨的岁月。有一次，他漫无目的地出了家门，随便搭乘了一位农民的马车。这位农民问他要去哪里，约翰·洛克菲勒就引用惠特曼的诗句回答说："我将去我喜欢的地方，漫长的道路将我带到遥远的地方。"农民很惊讶，就问了一句："你竟然没有一个明确的目的地？"说完便停下了马车，将他赶了下来，并严厉地告诉他："游手好闲之徒，你应当找份正当的职业，挣钱过日子。"

这位农民的话让洛克菲勒猛然醒悟，从此他立志干一番事业，并经过多年奋斗，建立起一个庞大的石油帝国。在他晚年，还经常以这件事来教育自己的子孙——人生不能没有明确的目标。

首先，目标明确，才可以重新焕发活力。一个没有目标的人，很容易浑浑噩噩地过日子，不仅很不精彩，也很容易沉沦。

【案例直击】

1928年出生的褚时健，长期担任云南玉溪红塔集团董事长，把濒临破产的地方小烟厂变成行业内亚洲第一、世界第三的烟草企业。他50岁得志，60多岁成为"中国烟草大王"，但71岁锒铛入狱。2002年，保外就医后与妻子在哀牢山承包荒山开始种橙。2012年，褚时健成为"中国橙王"，感动了无数企业家，王石、刘强东都曾拜访和学习，柳传志把他作为最钦佩的伟大的企业家。他虽壮士暮年，命途多舛，但仍然设立新的目标，并为之奋斗。

在很多时候，年老不仅是一种生理的客观状态，更是一种心理状态。只要人的状态在、目标在，虽然肉体老了，但是精神可以很年轻。真正会老的是身体，心灵则可以持续保持年轻。当我们有了一个崭新的目标，那么我们就是新手，可以重新焕发活力，重新热血沸腾，回到年轻的状态。

其次，目标明确，才可以重新建立信任，获得关注与支持。你才三四十岁，就摆出一副养老的样子，高手怎么会信任你？谁愿意把资源倾斜到一个没有抱负的人身上去？而有资格做你贵人的人，也有资格做别人的贵人。贵人显然愿意帮助已经设定目标、试图一展身手的人。有明确而伟大目标的人历来更容易获得投资与支持。

脍炙人口的电影《十月围城》讲述了孙中山将赴香港开会，清廷派大量刺客刺杀，港英政府两不相帮，而爱国志士前赴后继保护孙中山的故事。在故事中，有的人为孙中山捐出巨款，有的人献出了生命，有的人失去了亲人，有的人捐出了整个团队……而他们中的几乎所有人都未曾与孙中山谋面，更没有与孙中山谈过什么利益交换条件。他们无一例外是为孙中山的伟大使命与目标所感召。在"驱除鞑虏，恢复中华。推翻帝制，建立共和"这样伟大目标的驱使下，革命志士们付出再多，也是与之相匹配的。当代如马云和他的十八罗汉，当时不乏生活优越者，甚至有年薪500万元以上的蔡崇信，宁可追随马云，领取每月500元的生活费。其背后的逻辑，同样是他们被马云伟大而明确的目标、宏伟而清晰的蓝图吸引。

所以说，你如果有热血沸腾的目标，就可以重新建立信任，获得关注与支持，获得人才与资源。

拿什么证明我们曾经活过？历史风云人物拿他们的丰功伟绩证明他们曾经活过。伟大的艺术家，用他们流传千古的伟大艺术作品证明他们曾经活过。哲学家用他们的智慧和语录证明他们曾经活过。科学家用改善人类生活、推动文明进程的伟大发明证明他们曾经活过……生活在当今世界的我们，即将拿什么向后人证明我们曾经活过呢？

起起落落，跌跌撞撞前半生。无论你事业已经小有成就，还是处于探索之中，抑或蹉跎了小半辈子，有可能目前仍然一事无成。不妨让我们一切都"打破重做",重新设定让你热血沸腾的人生目标。过去未曾创下良好基础的,就让我们从此刻全新开始,对自己的命运进行重新定义。过去的努力已经让你有所建树的,也可以设定更加能让你感受到生命意义的全新目标,从成功走向新的成功。

全新目标设立的那一刻,一定会让你头脑清醒,充满能量。也能够快速再次激发、唤醒你体内的潜能和你身边所有的资源。人生的下一个高峰也将因此而轰轰烈烈地来临。

3. "我到了"与"我在路上"

当我们设定一个明确的目标,哪怕是小目标,比如说我们决定今天晚上一定要回到家,这个时候路上下雨了,我们要不要继续回家呢?要的,即使是临时去买雨伞。如果这段路刚好在修路,非常难走,还要不要回家呢?要的,因为我们现在还在路上,而我们的目标是回到家,即使我们绕路,都要继续往家的方向赶回去。如果这个时候天已经黑了,我们要不要继续赶路呢?要的,因为现在我们还在路上,我们没有达成我们想要的目标,即使是连夜赶路,即使是晚一点到家,我们也要在今晚赶回家……

人生路上就是这样,只要我们够坚定,只要我们还处于"在路上"的状态,就要做到逢山开路,遇水搭桥,风雨无阻,直达目标。但是当人们终于处于"我到了"状态的时候,很多人却再也不往前了,即使此时已经没有像过去那么多的艰难和阻碍,即使此时我们可以看到接下来的风景更美。

创业的路上也是这样。很多人一无所有的时候充满渴望,设定目标:

第十章 重生论

我要有车子房子，丰厚的存款，我要创建属于自己的事业，我也要成为老板，给家人更好的生活、为社会做贡献……于是干劲十足，充满动力。缺乏资金可以贷款，可以融资，甚至可以抵押固定资产；缺乏合适的合伙人，就不断地去寻访；家人不支持就不断地一个个耐心沟通；缺乏外部支持就一个一个地去拜访和公关；缺乏优秀的员工，就不断地招聘和培养；缺乏客户就不断地去开发和挖掘……总之看起来似乎没有什么难题可以阻止他迈向成功。直到有一天，他终于成功了。且不说房子车子存款，就连社会地位、行业尊荣也已经收入囊中。这时候若仍然能够保持清醒，并且有积极进取之心，百尺竿头更进一步，就会蜕变为伟大的企业家。但似乎大部分的创业者还没能迎来这伟大的升华时刻便已经早早地迷失甚至沉沦。因为"我终于到了"的自我定位，他，不再往前走了。尽管此时他的资金，比过去创业时充裕了不知道多少倍；社会资源早已丰富到可以让他左右逢源；团队基础也比过去更加专业和扎实了；有了基本的品牌，有了影响力，也有了一群客户支持……条件早已超过当初的赤手空拳，但因为从"在路上"到"我到了"的心理定式的转变，内心的动能却今非昔比了。事实上那种充满渴望的动能才是创业者成功的第一法宝。于是我们常常看到中国古典文学中所形容的这种现象："眼见他起高楼，眼见他宴宾客，眼见他楼塌了。"植物不再生长，代表已经枯萎而死了；一个人或者组织不再设定新的目标，代表他失去了未来成长的可能性和基本的活力。

没有持续设定下一个阶段全新目标的组织，常常沦为故步自封、缺乏持续动力的组织。相比之下，我们伟大的祖国，每5年都会有一次5年计划。每实施一次5年计划，我们的国力就会实现一个伟大的飞跃，人民的生活水平更是不断实现着魔术般的变化。这正是我们中华民族、我们党和国家的伟大智慧，以及对人民对时代负责任的态度呈现。国家尚且如此，何况个人？

4. 好运总是给"向上走，有未来"的人准备的

我们在有生之年设定一个崭新的目标，热血沸腾地投入进去，完全可以活出新的活法与高度，也是在与过去划清界限，孕育出新的自己，那就是另一种重生的概念。

我们来说说电视剧《新三国》中的一段故事。

曹操大军压境，准备放水来围攻徐州城。这个时候，吕布尚在清醒状态，他的谋士陈宫来让他赶快移师山上。吕布说，好嘞，就这么办。而当他的"助理"跑过来说，老大，你女朋友貂蝉病了！结果吕布要先治好貂蝉的病，然后再移师山上。

身边的人一听这样说，都着急了。这水都快淹到脖子了，容身之地都要丢了，还这样不知道轻重缓急。陈宫就问吕布，面对曹军的阵势，现在该怎么办？吕布说，怕什么？我有方天画戟，我有赤兔宝马，我还有绝世武功，曹操能奈我何？

这时候陈宫冷笑一声，奉先哪，你有方天画戟，你有赤兔宝马，将士们呢？将士们有啥？因为吕布一意孤行，将士们造反了，趁他睡着时，就把他捆起来交给了曹操。

同样，如果作为老板，自认为有了房子、车子、资产，"我到了"，有资格安于现状、不思进取了，那么你的干部、员工怎么办？这样的公司，一定是混日子的人才会留下来，有目标、有才干的优秀人才，都会纷纷离去。

第十章 重生论

赵云为什么非要跟刘备走啊？刘备虽然起点低，但是他向上走，他能创造一个有作为的舞台，跟着他很可能活出全新的自己，让自己的抱负和才华得以施展。如果领袖呈现出一种"我到了"的状态，就再没有愿景可言了。

梁启超在《少年中国说》中说道："造成今日之老大中国者，则中国老朽之冤业也。制出将来之少年中国者，则中国少年之责任也。彼老朽者何足道，彼与此世界作别之日不远矣，而我少年乃新来而与世界为缘。如僦屋者然，彼明日将迁居他方，而我今日始入此室处。将迁居者，不爱护其窗栊，不洁治其庭庑，俗人恒情，亦何足怪！若我少年者，前程浩浩，后顾茫茫。中国而为牛为马为奴为隶，则烹脔鞭棰之惨酷，惟我少年当之。中国如称霸宇内，主盟地球，则指挥顾盼之尊荣，惟我少年享之。于彼气息奄奄与鬼为邻者何与焉？彼而漠然置之，犹可言也。我而漠然置之，不可言也。使举国之少年而果为少年也，则吾中国为未来之国，其进步未可量也。使举国之少年而亦为老大也，则吾中国为过去之国，其澌亡可翘足而待也。"诚如是也！一个自认为"没什么将来"的老人搬进一座大房子里面，看到高高的窗户上有蜘蛛网，很可能会告诉自己，反正日子不多了，可以将就着过。而倘若一对十六七岁的少男少女搬进这座大房子，他们知道他们在这里还有漫长的未来，所以他们一定会对自己住宿的品质负责任。这座大房子就是梁启超时代的中国。那个"老人"就是腐朽的封建专制君主制度和当时腐败不堪的统治阶级。而那"少年"就是全新的社会制度和风貌，是有崭新历史使命的中国新一代担当者。老的一代时日不多，自然是不愿向上走，也没有什么创造未来的动力了，他们没有目标，没有锐气，更没有能量带着庞大的中国走向全新的未来。而少年则要伴随着中国继续走过漫长的岁月。所以中华强，则少年拥有"指挥顾盼"之尊容，中华弱，则少年遭受"烹脔鞭棰"之酷刑！一个国家，一个时代，如果不设定积极向上创造未来的伟大目标，同样会国破家亡，民众受苦，何况企业、个人呢？

国家如此，个人也是如此，事业也是如此。

5. 遵循设定目标的法则，让目标充满力量

既然人生目标如此重要，那么我们在设定人生目标的时候就不要掉以轻心，而是应该有所遵循。下面介绍设定目标的3个重要法则。

法则一，设定的目标一定要令你热血沸腾，才能唤醒能量，开发潜能。

《心灵鸡汤》作者马克·汉森说："唯有不可思议的目标，才能达成不可思议的结果。"《穷爸爸富爸爸》作者罗伯特·清崎说："小计划没有使人热血沸腾的力量。""关于未来的一切都是谎言，最重要的是谎言会成真。"唯有不可思议的目标才能吸引到顶尖人才。所以你设目标，除了要结合实际，更要使自己热血沸腾，才能充满力量！

法则二，设定的目标要有一个明确的期限，不然你会无限地拖延。

不要给自己任何借口拖延行动计划，找借口自我合理化实在是太容易了，它和"完美主义"一样是行动力的天敌。清代文人彭端淑在他的《为学》中说："天下事有难易乎？为之，则难者亦易矣；不为，则易者亦难矣。"在执行中完美，一定好过"完美"后再执行。而给自己设立明确的倒计时期限并公之于众是不错的方案。

我们都会有各种各样的目标，但是有的实现了，有的并没有实现，为

什么呢？除了达成目标的渴望不够强烈外，主要是没有给自己的目标设定一个期限。如果没有期限，那我们的瘦身计划，很可能一拖再拖，最后不了了之。如果没有期限，那我们考研的目标、财务自由的目标，很可能都实现不了……如果没有一个期限，那么很多目标，你可能会花上一生去完成，甚至到老了还没达成。

所以，在设定目标的时候一定要记得，给自己的目标确定一个具体的完成期限，只有这样，你才能全力以赴。给目标一个期限，在目标实现之前，你在奋斗中就会有无限的动力，你绝对不允许自己分心，你会拿出全部精力把事情做好。当你养成这样的习惯时，成功离你会越来越近。

法则三，设定的目标要有数字标准，可进行量化考核。

设定目标的艺术，关键在于特定而详细。"许多钱""好房子""好工作"或者"好丈夫""好妻子"等，这些目标都定得太笼统了，以至于我们往往无从把握。

你的目标应该很清楚地以细节表示出来。比如"好房子"就要精确地说明是怎样的房子，而不仅是"大房子"这样一个模糊的概念。如果只是简单的以"越大越好"为条件，那就无法激发你对目标的渴望。你想看书，你到几月几日看完几本书，要明确。你想减肥瘦身，那你到几月几日前要瘦下几斤，要明确；不能说我要瘦一点，那么"一点"到底是多少？所以不要用形容词，要数字化。

你知道，明确就是力量，模糊使人无力。你设定的目标越具体，就越有可能使它成真。同时，你对各种机会的敏感度也会大大增强。

篇末寄语

亲爱的读者,既然目标如此重要,不妨为自己全新的人生写下你全新的目标吧!让你热血沸腾的目标,有明确的期限,有明确的数字,并且把它公之于众,让更多的人来支持你,以打造你全新而异彩纷呈的人生!

写目标的几个常见参考方向:

1. 身体健康篇;

2. 事业成就篇;

3. 家庭幸福篇;

4. 学习成长篇;

5. 伙伴协助篇;

6. 财富积累篇;

7. 自我奖励篇;

8. 社会贡献篇。